NCERT प्रैक्टिस

वर्कबुक

हिंदी रिमझिम

कक्षा 01

रोशनी देसाई

✻ **arihant**

अरिहन्त प्रकाशन (स्कूल डिवीज़न सीरीज़)

✹arihant

अरिहन्त प्रकाशन (स्कूल डिवीज़न सीरीज़)
सर्वाधिकार सुरक्षित

Ⓕ **रजि. कार्यालय**

'रामछाया' 4577/15, अग्रवाल रोड, दरिया गंज, नई दिल्ली- 110002
फोन: 011-47630600, 43518550

मुख्य कार्यालय

कालिन्दी, टी०पी० नगर, मेरठ (यूपी)– 250002
फोन: 0121-7156203, 7156204

Ⓕ **शाखा कार्यालय**

आगरा, अहमदाबाद, बरेली, बंगलुरु, चेन्नई, दिल्ली, गुवाहाटी, हैदराबाद, जयपुर, झाँसी, कोलकाता, लखनऊ, नागपुर तथा पुणे

PO No : TXT-XX-XXXXXXX-X-XX

PUBLISHED BY ARIHANT PUBLICATIONS (INDIA) LTD.

'अरिहन्त' की पुस्तकों के बारे में अधिक जानकारी के लिए हमारी वेबसाइट **www.arihantbooks.com** पर लॉग इन करें या **info@arihantbooks.com** पर सम्पर्क करें।

Follow us on... 🅕 🅣 ▶ 🅘

प्रोडक्शन टीम

पब्लिशिंग मैनेजर
केशव मोहन, अमित वर्मा

प्रोजेक्ट कॉर्डिनेटर
मनीष कुमार

प्रोजेक्ट एडिटर
अविनाश झा

कवर डिजाइनर
शानू मंसूरी

इनर डिजाइनर
रवि नेगी

प्रूफ रीडर
प्रीति

वर्कबुक की आवश्यकता क्यों ?

किसी भी विषय को सीखने के लिए व उसमें दक्षता प्राप्त करने के लिए 'अभ्यास' सबसे महत्त्वपूर्ण आवश्यकता है। अभ्यास के माध्यम से ही विद्यार्थियों में ज्ञान का विकास होता है तथा उनकी स्मरण शक्ति में वृद्धि होती है। विद्यार्थियों को आवश्यक अभ्यास करवाने के लिए ही इस वर्कबुक को तैयार किया गया है। इस वर्कबुक के बारे में विस्तृत जानकारी नीचे दी गयी है तथा यह समझाया गया है कि यह वर्कबुक विद्यार्थियों के लिए किस प्रकार से उपयोगी है।

पूर्णत: NCERT पाठ्यपुस्तक पर आधारित

यह वर्कबुक पूर्णत: NCERT पाठ्यपुस्तक पर आधारित है, NCERT ही एकमात्र ऐसी पाठ्यपुस्तक है जो भारत सरकार व CBSE द्वारा स्कूलों के लिए Recommend की गयी है। इस वर्कबुक में NCERT के पाठों की विषयवस्तु पर आधारित विभिन्न प्रकार के प्रश्न दिए गए है। इन प्रश्नों का अभ्यास करके विद्यार्थी NCERT पाठ्यपुस्तक के अध्यायों का सम्पूर्ण रूप से अभ्यास कर सकते है तथा उन पर अपनी पकड़ मजबूत कर सकते है।

एकमात्र सम्पूर्ण वर्कबुक

अरिहन्त वर्कबुक, एकमात्र ऐसी वर्कबुक है, जिसमें पाठ्यक्रम के सभी खण्डों क्रमश: पाठ्यपुस्तक, व्याकरण व लेखन का समावेश किया गया है। इस प्रकार यह वर्कबुक विद्यार्थियों को परीक्षाओं की संपूर्ण तैयारी कराने में समर्थ है।

वर्कबुक – उद्देश्य, उपयोग एवं विशेषताएँ

इस वर्कबुक के प्रत्येक अध्याय में विभिन्न प्रकार के प्रश्नों का समावेश किया गया है, जो NCERT पुस्तकों के अध्यायों को सम्पूर्ण रूप से कवर करते है। इस प्रकार यह वर्कबुक विद्यार्थियों द्वारा कक्षा में पढ़े जाने वाली सामग्री का व्यवस्थित अभ्यास देती है। अत: यह वर्कबुक कक्षा में अथवा अपने घर पर दोनों जगह समान रूप से उपयोगी है।

इस वर्कबुक की कुछ विशेषताएँ निम्न हैं–

- सभी खण्डों क्रमश: पाठ्यपुस्तक, व्याकरण व लेखन का सम्पूर्ण कवरेज।
- NCERT के सभी अध्यायों का विस्तृत कवरेज।
- विभिन्न प्रकार के प्रश्नों का समावेश जैसे ; रिक्त स्थानों की पूर्ति, सत्य-असत्य, मिलान, बहुविकल्पीय, अति लघुउत्तरीय व लघुउत्तरीय प्रश्न आदि।

इस वर्कबुक में दी गयी सम्पूर्ण पाठ्य–सामग्री निश्चित रूप से विद्यार्थियों की विषय सम्बन्धी क्षमताओं व उनके विश्वास में वृद्धि करेगी। इस वर्कबुक के द्वारा विद्यार्थी हिन्दी विषय के प्रति अपनी कठिनाइयों तथा प्रश्नों को हल करते समय अपने मन में उठने वाले सन्देहों को आसानी से दूर कर पाऐंगे।

हम अध्यापकों, विद्यार्थियों व अभिभावकों से अपील करते हैं, कि वे इस वर्कबुक के सुधार के लिये अपने सुझावों को प्रस्तुत करें। हम सभी सुझावों को इस वर्कबुक के अगले संस्करणों में समाहित करने का प्रयास करेंगे।

प्रकाशक

विषय सूची

स्कूल का पहला दिन   1-2

खंड क (पाठ्यपुस्तक)

अध्याय 1	झूला	3-5	अध्याय 13	बंदर गया खेत में भाग	36-38
अध्याय 2	आम की कहानी	6-8	अध्याय 14	एक बुढ़िया	39-41
अध्याय 3	आम की टोकरी *	9-11	अध्याय 15	मैं भी...	42-44
अध्याय 4	पत्ते ही पत्ते	12-14	अध्याय 16	लालू और पीलू	45-47
अध्याय 5	पकौड़ी	15-17	अध्याय 17	चकई के चकदुम	48-50
अध्याय 6	छुक–छुक गाड़ी *	18-19	अध्याय 18	छोटी का कमाल	51-53
अध्याय 7	रसोईघर	20-22	अध्याय 19	चार चने	54-56
अध्याय 8	चूहो! म्याऊँ सो रही है	23-25	अध्याय 20	भगदड़	57-59
अध्याय 9	बंदर और गिलहरी	26-28	अध्याय 21	हलीम चला चाँद पर	60-62
अध्याय 10	पगड़ी *	29-30	अध्याय 22	हाथी चल्लम चल्लम	63-65
अध्याय 11	पतंग	31-32	अध्याय 23	सात पूँछ वाला चूहा *	66-68
अध्याय 12	गेंद–बल्ला	33-35			

नोट – * चिन्हित अध्याय NCERT पाठ्यपुस्तक से हटा दिए गए हैं।

खंड ख (व्याकरण)

अध्याय 1	वर्णमाला	69-70	अध्याय 3	संज्ञा	73-74
अध्याय 2	शुद्ध–अशुद्ध शब्द	71-72	अध्याय 4	लिंग	75-76

खंड ग (चित्र वर्णन)

अध्याय 1	मध्यावकाश	77-78	अध्याय 5	बस	82
अध्याय 2	खेल–कूद	79	अध्याय 6	रेलवे स्टेशन	83
अध्याय 3	विद्यालय की छुट्टी	80	अध्याय 7	रसोईघर	84
अध्याय 4	खेत	81			

उत्तरमाला   85-92

स्कूल का पहला दिन

नाम ही नाम

1 लिखिए

  (i) अपना नाम

  (ii) अपने घर का पता

  (iii) अपने विद्यालय का नाम

  (iv) विद्यालय का पता

  (v) प्रधानाचार्य/प्रधानाचार्या का नाम

  (vi) कक्षा अध्यापक/अध्यापिका का नाम

  (vii) कक्षा मॉनिटर का नाम

  (viii) विद्यालय प्रारंभ होने का समय

(ix) छुट्टी (विद्यालय बंद होने) का समय

(x) विद्यालय आने-जाने का साधन

(xi) आपका प्रिय खेल

(xii) आपके प्रिय सहपाठी (मित्र) का नाम

(xiii) आपके देश का नाम

2 नीचे कुछ वस्तुओं के चित्र दर्शाए गए हैं। इनमें से जो वस्तुएँ आपके विद्यालय के कार्यालय में हैं उन पर (✓) का निशान लगाइए।

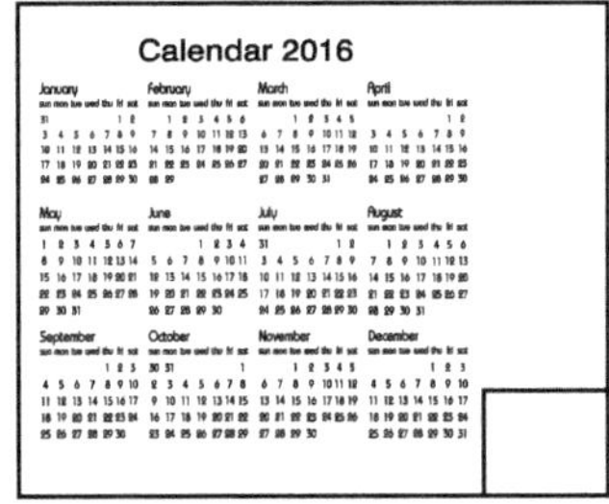

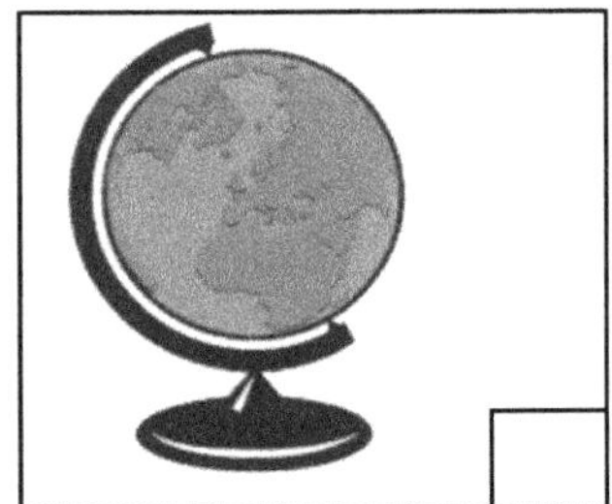

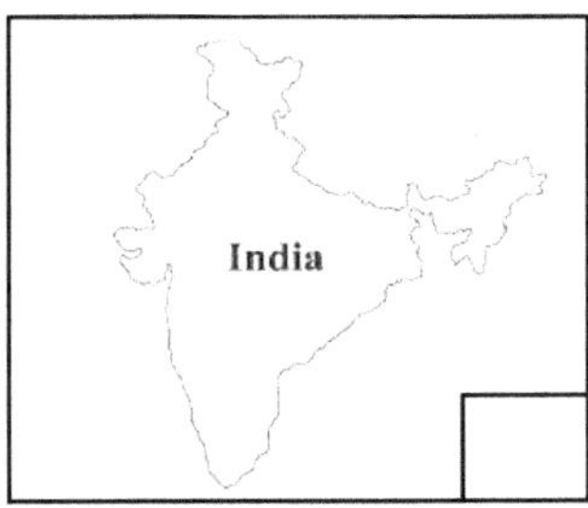

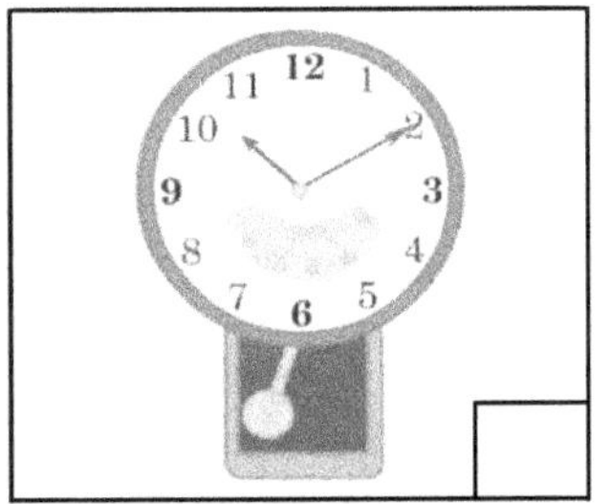

01

झूला

पाठ आधारित प्रश्न

1 प्रश्नों के सही विकल्प पर (✓) का निशान लगाइए।

(i) बालक अपनी माता को क्या कहकर बुला रहा है?

(क) माँ   (ख) मैया

(ग) माता   (घ) अम्मा

(ii) कविता में बालक क्या लगाने की बात कर रहा है?

(क) झूला   (ख) खिलौना

(ग) तस्वीर   (घ) मेला

(iii) कविता में 'उड़ चल' का प्रयोग कितनी बार किया गया है?

(क) दो बार   (ख) तीन बार

(ग) चार बार   (घ) एक बार

2 कविता की पंक्तियाँ पूरी कीजिए।

> *दिल्ली, कलकत्ता, चल, उड़, बड़ा मज़ा है, अम्मा आज, पर मैं झूलूँगा, नीचे की धरती*

   (i) —————————— लगा दे झूला, इस झूले —————————।

   (ii) इस झूले पर —————————, चल —————————, ले चल

   —————————।

  (iii) झूल रही —————————, उड़ —————————, —————————— चल।

3 सही कथन पर (✓) का और गलत कथन पर (✗) का निशान लगाइए।

   (i) बालक कल झूला लगाने की बात कह रहा है। ☐

   (ii) झूले के साथ पेड़ की जड़ नहीं हिल रही है। ☐

  (iii) बालक दल-बादल को लूटना चाह रहा है। ☐

  (iv) बालक के झूला झूलते समय आकाश बिलकुल साफ़ है। ☐

4 निम्नलिखित प्रश्नों के उत्तर लिखिए।

   (i) बालक झूले पर चढ़कर किसे छू लेना चाहता है?

   (ii) पेड़ के कौन-कौन से भाग झूला झूल रहे हैं?

  (iii) बालक झूले से किस-किस शहर की सैर कराने की बात कह रहा है?

  (iv) झूला झूलते हुए बालक को नीचे की धरती कैसी लग रही है?

   (v) बादल कैसे बरस रहे हैं?

भाषा आधारित प्रश्न

1 दिए गए अक्षरों वाले दो-दो शब्द कविता में से छाँटकर लिखिए।

(i) झ झूला झूलूँगा

(ii) अ _______ _______

(iii) च _______ _______

(iv) ल _______ _______

2 कविता की सहायता से शुद्ध शब्दों पर (✓) का निशान लगाइए।

(i) अम्माँ ☐ अम्मा ☐

(ii) उपर ☐ ऊपर ☐

(iii) दिलली ☐ दिल्ली ☐

(iv) बडा ☐ बड़ा ☐

3 शब्दों को जोड़कर लिखिए।

(i) रिम + झिम **रिमझिम** (ii) उड़ + कर _______

(iii) चढ़ + कर _______ (iv) बढ़ + कर _______

4 झूला झूलते समय आप क्या-क्या करते हैं? सही कथन पर (✓) तथा गलत कथन पर (✗) का निशान लगाइए।

(i) डर के कारण रोने लगते हैं। ☐

(ii) ज़ोर-ज़ोर से चिल्लाते हैं। ☐

(iii) खुश होते हैं। ☐

(iv) सो जाते हैं। ☐

(v) गाना गाते हैं। ☐

5 गर्मी, जाड़ा और बरसात में से आप किस मौसम में झूला झूलना चाहेंगे?

_______________________ में।

02

आम की कहानी

पाठ आधारित प्रश्न

1 प्रश्नों के सही विकल्प पर (✓) का निशान लगाइए।

(i) लड़का अपने साथ क्या लाया था?

    (क) गुलेल   (ख) बंदूक

    (ग) आम   (घ) अंडे

(ii) टूटने के बाद आम को सबसे पहले किसने पकड़ा?

    (क) लड़की ने   (ख) गिलहरी ने

    (ग) कौए ने   (घ) लड़के ने

(iii) गिलहरी से छूटकर आम कहाँ गिरा?

    (क) ज़मीन पर   (ख) पेड़ पर

    (ग) पानी में   (घ) आदमी की पगड़ी में

(iv) पगड़ी वाला व्यक्ति कहाँ बैठा आराम कर रहा था?

    (क) नदी किनारे   (ख) घर में

    (ग) पेड़ के नीचे   (घ) सड़क पर

(v) अंत में आम किसे प्राप्त हुआ?

   (क) लड़के को ☐

   (ख) लड़की को ☐

   (ग) कौए को ☐

   (घ) गिलहरी को ☐

2 नीचे दिए गए शब्दों का उचित प्रयोग कर रिक्त स्थान भरिए।

> आम, गिलहरी, मधुमक्खियों

(i) कौआ _______________________ के छत्ते से टकरा गया।

(ii) _______________________ कौए के घोंसले में गिरा।

(iii) _______________________ को देख कौए के बच्चे चिल्लाने लगे।

3 सही कथन पर (✓) का निशान और गलत कथन पर (✗) का निशान लगाइए।

(i) कौआ पास के ही पेड़ की डाल पर बैठा आम टूटने का इंतज़ार कर रहा था। ☐

(ii) कौए को आम ले जाता देख लड़के ने दूसरे आम पर निशाना साधा। ☐

(iii) मधुमक्खियों ने कौए को डंक मारा। ☐

4 निम्नलिखित प्रश्नों के उत्तर लिखिए।

(i) आम को सबसे पहले किसने देखा?

____

(ii) लड़के ने आम कैसे तोड़ा?

____

(iii) कौए की चोंच से आम क्यों छूटा?

____

(iv) घोंसले में किस पक्षी के अंडे थे?

(v) अंडों से आम किसने उठाया?

(vi) अंत में आम किसके हाथ में आया?

(vii) कहानी के अंत में लड़का क्या देखकर खुश हो रहा है?

भाषा आधारित प्रश्न

1 इन अक्षरों से शुरू होने वाले दो-दो फलों के नाम लिखिए।

   (i) अ —   **अनार**

   (ii) स —

2 सही शब्द चुनिए।

   (i) कौए के (बचे/बच्चे)

   (ii) (गुलेल/गुलाल) से निशाना

   (iii) मधुमक्खियों के (छत्ते/छते)

   (iv) सिर पर (पगरी/पगड़ी)

   (v) पेड़ पर (घोसला/घोंसला)

   (vi) कौए की (चोच/चोंच)

3 किसने किया?

   (i) आम तोड़ा

   (ii) आम लपका

   (iii) आम उठाया

03

आम की टोकरी

पाठ आधारित प्रश्न

1 प्रश्नों के सही विकल्प पर (✓) का निशान लगाइए।

    (i) बच्ची की उम्र है

      (क) पाँच वर्ष ☐   (ख) छ: वर्ष ☐

      (ग) दस वर्ष ☐   (घ) आठ वर्ष ☐

    (ii) टोकरी में कौन-से फल रखे हैं?

      (क) आम ☐   (ख) सेब ☐

      (ग) संतरे ☐   (घ) केले ☐

    (iii) बच्ची सबको आम किस प्रकार दे रही है?

      (क) छिपा-छिपाकर ☐   (ख) सबका नाम ले-लेकर ☐

      (ग) आम का दाम बताकर ☐   (घ) बिना नाम बुलाए हुए ☐

2 सही कथन पर (✓) का और गलत कथन पर (✗) का निशान लगाइए।

    (i) बच्ची की टोकरी भरी हुई थी।

    (ii) बच्ची सबसे टोकरी छिपा रही थी।

    (iii) बच्ची ने अपना नाम गुड़िया बताया था।

3 कविता की पंक्तियाँ पूरी कीजिए।

> *की, आम है, अब पूछना, छह, हमें आम, टोकरी, नहीं बुलाती*

    (i) ——————— साल ——————— छोकरी, भरकर लाई ———————।

    (ii) हमको देती ———————, ——————— नाम है।

    (iii) नाम नहीं ———————, ——————— है चूसना।

4 निम्नलिखित प्रश्नों के उत्तर लिखिए।

    (i) कविता में किसके द्वारा, किसे, कौन-सी चीज़ दी जा रही है?

    (ii) आम कौन-सी चीज़ में रखे हैं और उन्हें कौन लाया है?

    (iii) कविता में कौन क्या नहीं बता रहा है?

    (iv) बच्ची सबको किस प्रकार बुला रही है?

    (v) बच्ची क्या नहीं बुलाती है?

    (vi) नाम न पूछकर क्या करने की बात की गई है?

भाषा आधारित प्रश्न

1 दिए गए उदाहरण को समझिए और रिक्त स्थान भरिए।

आ की मात्रा (ा)		ए की मात्रा (े)		कोई मात्रा नहीं	कोई मात्रा नहीं
(i) एक	केला	दो	**केले**	एक आम	अनेक **आम**
(ii) एक	पपीता	दो	__________	एक बादाम	अनेक __________
(iii) एक	संतरा	दो	__________	एक अनार	अनेक __________

2 आम 'आ' की मात्रा (ा) वाला शब्द है, कविता में से 'आ' की मात्रा वाले अन्य शब्द छाँटकर लिखिए।

____

3 मिलान कीजिए।

(i) आम   (क) पूछना

(ii) नाम   (ख) भरना

(iii) टोकरी   (ग) चूसना

4 'साल' के स्थान पर 'वर्ष', 'छोकरी' के स्थान पर 'बच्ची' और 'दाम' के स्थान पर 'मूल्य' शब्द रखकर कविता की पंक्तियों को फिर से लिखिए।

(i) नहीं बताती दाम है

____

(ii) छह साल की छोकरी

____

5 'में' अथवा 'मैं' का प्रयोग कर रिक्त स्थान भरिए।

(i) __________ आम खाती हूँ।

(iii) खेत __________ फ़सल लगी है।

04
पत्ते ही पत्ते

पाठ आधारित प्रश्न

1 प्रश्नों के सही विकल्प पर (✓) का निशान लगाइए।

(i) दो रंग वाले पत्ते में कौन–कौन से रंग मिले हुए थे?

(क) पीला, कत्थई ☐ (ख) हरा, लाल ☐

(ग) गुलाबी, नीला ☐ (घ) सफ़ेद, हरा ☐

(ii) एक पत्ते का डंठल कैसा था?

(क) टेढ़ा ☐ (ख) सीधा ☐

(ग) गोल ☐ (घ) चौड़ा ☐

(iii) कोई पत्ता एक तरफ़ से मुलायम था तो दूसरी तरफ़ से

(क) काँटेदार ☐ (ख) छेद वाला ☐

(ग) खुरदरा ☐ (घ) मुलायम ☐

2 सही कथन पर (✓) का और गलत कथन पर (✗) का निशान लगाइए।

(i) दीदी ने बच्चों को गोला बनाकर बैठने को कहा था।

(ii) दीदी के पास एक पत्ता लाल रंग का था।

(iii) किसी पत्ते में नसें साफ़ नहीं दिख रही थीं।

(iv) बच्चों को बंदनवार जैसे पत्ते ढूँढ़ने पर भी नहीं मिले।

3 कोष्ठकों में दिए गए शब्दों की सहायता से रिक्त स्थान भरिए।

(i) सभी बच्चे _____________ बनाकर बैठ गए।
(गोला/सीधी रेखा)

(ii) दीदी के पास _____________ के पत्ते थे।
(तरह-तरह/एक प्रकार)

(iii) कुछ पत्ते _____________ गोल थे।
(आधे/एकदम)

(iv) एक पत्ता _____________ वाला था।
(झंडी/झालर)

(v) बच्चों ने पत्तों को _____________ देखा। (सूँघकर/छूकर)

4 निम्नलिखित प्रश्नों के उत्तर लिखिए।

(i) दीदी ने कहाँ से कहाँ तक की गिनती की?

____

(ii) गिनती शुरू करने से पहले दीदी ने बच्चों को क्या करने के लिए कहा?

____

(iii) पाँच बोलने से पहले ही लड़की ने क्या किया?

____

(iv) दीदी के पास किस-किस आकार के पत्ते थे?

(v) बच्चों ने किन-किन रंगों के पत्ते देखे?

(vi) पत्तों को छूकर बच्चों ने कैसा महसूस किया?

भाषा आधारित प्रश्न

1 एक से दस तक की गिनती शब्दों में लिखिए।

1. _____	2. _____
3. _____	4. _____
5. _____	6. _____
7. _____	8. _____
9. _____	10. _____

2 'काला' और 'गोरा' उलटे अर्थ वाले शब्द हैं। कोष्ठकों में से उलटे अर्थ वाले शब्दों को छाँटकर रिक्त स्थान भरिए।

(i) एक पत्ता   ×   **अनेक**   पत्ते (बहुत/अनेक)

(ii) लंबे पत्ते   × _____ पत्ते (छोटे/चौड़े)

(iii) छोटे पत्ते   × _____ पत्ते (बड़े/पतले)

(iv) सीधे पत्ते   × _____ पत्ते (टेढ़े/बदमाश)

05 पकौड़ी

पाठ आधारित प्रश्न

1 प्रश्नों के सही विकल्प पर (✓) का निशान लगाइए।

  (i) पकौड़ी किस प्रकार आई है?

  (क) धीरे-धीरे चलकर ☐ (ख) उड़कर ☐

  (ग) दौड़ी-दौड़ी ☐ (घ) रुक-रुक कर ☐

  (ii) पकौड़ी किस चीज़ में पकाई जा रही है?

  (क) घी में ☐ (ख) तेल में ☐

  (ग) रिफाइंड में ☐ (घ) डालडा में ☐

  (iii) अंत में पकौड़ी कहाँ पहुँची?

  (क) हाथ में ☐ (ख) कड़ाही में ☐

  (ग) मुँह में ☐ (घ) पेट में ☐

2 सही शब्दों का प्रयोग कर रिक्त स्थान भरिए।

    (i) पकौड़ी हाथ से —————————— गई। (उछल/गिर)

    (ii) पकौड़ी पेट से पहले —————————— में थी। (मुँह/हाथ)

    (iii) पकौड़ी —————————— को भा गई। (हाथ/मन)

3 निम्नलिखित प्रश्नों के उत्तर लिखिए।

    (i) पकौड़ी कहाँ और किस प्रकार नाच रही थी?

    (ii) पकौड़ी कहाँ आकर शरमा गई?

    (iii) पेट में जाने पर पकौड़ी का क्या हाल हुआ?

4 कविता की पंक्तियाँ पूरी कीजिए।

> *में जा, मुँह में, घबराई, छुन-छुन, शरमाई, प्लेट, में नाची, उछली*

    (i) छुन-छुन ——————————   (ii) हाथ से ——————————

    तेल —————————— ,   —————————— पहुँची,

     —————————— में आ   पेट ——————————

     —————————— पकौड़ी।   —————————— पकौड़ी।

भाषा आधारित प्रश्न

1 समझिए और लिखिए।

(i) दौड़ी × **दौड़ा** (ii) आई × ____

(iii) शरमाई × ____ (iv) घबराई × ____

(v) पकौड़ी × ____ (vi) नाची × ____

2 कविता में से छाँटकर लिखिए।

(i) 'ह' अक्षर वाले शब्द ____

(ii) 'ड़' अक्षर वाले शब्द ____

(iii) 'ई' की मात्रा वाले शब्द ____

(iv) 'ए' की मात्रा वाले शब्द ____

(v) 'औ' की मात्रा वाले शब्द ____

3 तेल में तलकर बनाई जाने वाली चीज़ों पर घेरा लगाइए।

पूरी, खीर, रसगुल्ला, कचौड़ी, परॉठा

4 दी गई चीज़ों में से अपनी पसंद की चीज़ों पर गोला लगाइए।

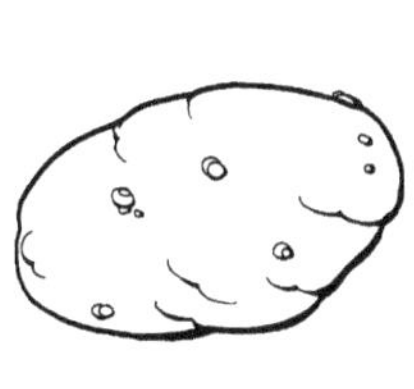

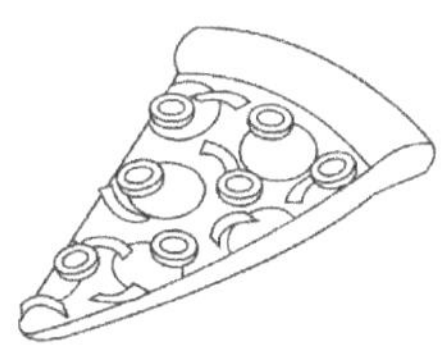

06

छुक-छुक गाड़ी

पाठ आधारित प्रश्न

1 प्रश्नों के सही विकल्प पर (✓) का निशान लगाइए।

(i) कविता में 'छूटी मेरी रेल' का अर्थ है

(क) रेल का धीरे-धीरे चलना ☐   (ख) रेल का चल पड़ना ☐

(ग) रेल का धीरे-धीरे चलना ☐   (घ) रेल का तेज़ चलना ☐

(ii) कविता में ठेलम ठेल कौन कर रहा है?

(क) रेल का इंजन ☐   (ख) यात्री ☐

(ग) रेल का डिब्बा ☐   (घ) गार्ड ☐

2 सही शब्दों का प्रयोग कर रिक्त स्थान भरिए।

(i) रेल का इंजन गमगम गमगम करता हुआ —————— जा रहा है।
(रुकता/बढ़ता)

(ii) —————— बजने के बाद टिकट देखा जा रहा है। (घंटी/सीटी)

(iii) रेल में बीटी से बीटी —————— है। (अलग/सटी)

3 निम्नलिखित प्रश्नों के उत्तर लिखिए।

   (i) रेल किस प्रकार चलती है?

   (ii) रेल का इंजन कैसा है?

   (iii) रेल में टीटी क्या कर रहा है?

भाषा आधारित प्रश्न

1 रेखाएँ खींचकर व्यक्तियों को उनके कार्यों से जोड़िए।

(i) गार्ड		(क)	टिकट जाँचना
(ii) टी. टी.		(ख)	सामान ढोना
(iii) ड्राइवर		(ग)	झंडी दिखाना
(iv) कुली		(घ)	गाड़ी चलाना

07

रसोईघर

पाठ आधारित प्रश्न

1 प्रश्नों के सही विकल्प पर (✓) का निशान लगाइए।

(i) कविता में किन दो बच्चों का उल्लेख किया गया है?

(क) बबलू, डबलू ☐ (ख) गुड़िया, सौरभ ☐

(ग) पप्पी, रेखा ☐ (घ) मुन्ना, मुन्नी ☐

(ii) कविता में किसके न बोलने का उल्लेख किया गया है?

(क) चकला ☐ (ख) बेलन ☐

(ग) आलू ☐ (घ) चाकू ☐

(iii) थाली कैसी है?

(क) गोल ☐ (ख) अंडाकार ☐

(ग) तिकोना ☐ (घ) चौकोर ☐

(iv) कवि ने थाली की समानता किससे की है?

(क) ताली से ☐ (ख) चाँद से ☐

(ग) गाजर से ☐ (घ) छलनी से ☐

2 कोष्ठकों में दिए गए शब्दों की सहायता से रिक्त स्थान भरिए।

(i) _______________ सब्ज़ियों और फलों को टुकड़ों-टुकड़ों में बाँटता है (चाकू/कैंची)

(ii) थाली _______________ बनकर बज सकती है। (ताली/गाली)

(iii) सबने खाने का काम _______________ पूरा कर लिया। (धीरे-धीरे/झटपट)

3 सही कथन पर (✓) का और गलत कथन पर (✗) का निशान लगाइए।

(i) कविता में रसोईघर की खिड़की खोलने की बात कही गई है।

(ii) कविता में कूकर में सब्ज़ी पकाई जा रही है।

(iii) कविता में चकला-बेलन को सजाने की बात की गई है।

(iv) रसोई घर के अंदर चकला-बेलन रखे हैं।

4 कविता की पंक्तियाँ पूरी कीजिए।

> *गाजर-मूली, चकला-बेलन, रखो सजाकर, चाकू-छलनी बोल*

(i) अंदर देखा, _______________ , _______________ रहे हैं।

(ii) _______________ प्याज़-टमाटर, छीलो काटो _______________ ।

5 निम्नलिखित प्रश्नों के उत्तर दीजिए।

(i) मुन्ना-मुन्नी क्या कर रहे हैं?

(ii) कविता में चाकू का क्या काम बताया गया है?

(iii) कविता में किन चीज़ों को छीलकर काटने और सजाने की बात बताई गई है?

(iv) थाली क्या कर सकती है?

____

(v) थाली में कौन-सी चीज़ डाली गई?

____

भाषा आधारित प्रश्न

1 बॉक्स में दिए गए शब्दों में से समान लय (तुक) वाले शब्द छाँटकर लिखिए।

ताली, डाली, बाँटू, सजाकर

(i) काटूँ _______________   (ii) खाली _______________

(iii) थाली _______________   (iv) टमाटर

2 बॉक्स में दिए गए शब्दों में से छाँटकर लिखिए।

झटपट, मूली, गोल, छलनी, बोल, बज

(i) बिना मात्रा का दो अक्षरों वाला शब्द _______________

(ii) बिना मात्रा का चार अक्षरों वाला शब्द _______________

(iii) 'ओ' की मात्रा (ो) वाले दो शब्द _______________

(iv) 'ई' की मात्रा (ी) वाले दो शब्द _______________

08

चूहों! म्याऊँ सो रही है

पाठ आधारित प्रश्न

1 प्रश्नों के सही विकल्प पर (✓) का निशान लगाइए।

(i) कविता में कौन किसकी मौसी है?

(क) चुहिया, गिलहरी की ☐   (ख) बिल्ली, चूहों की ☐

(ग) गिलहरी, चूहों की ☐   (घ) बिल्ली, गिलहरी की ☐

(ii) कविता में किसके सोने की बात की जा रही है?

(क) चूहों के ☐   (ख) बच्चों के ☐

(ग) बिल्ली के ☐   (घ) शेर के ☐

(iii) आज दूध-दही पर किसका अधिकार है?

(क) बिल्ली का ☐   (ख) बच्चों का ☐

(ग) चूहों का ☐   (घ) कबूतर का ☐

(iv) चूहे नीचे उतरकर क्या करेंगे?

(क) सो जाएँगे ☐ (ख) पानी पिएँगे ☐

(ग) चीज़ें कुतरेंगे ☐ (घ) ब्रेड खाएँगे ☐

(v) आज क्या मची है?

(क) चूहा शाही ☐ (ख) चूहों की तबाही ☐

(ग) बिल्ली शाही ☐ (घ) मौसी शाही ☐

2 कोष्ठकों में दिए गए शब्दों की सहायता से रिक्त स्थान भरिए।

(i) बिल्ली पाँव ———————— सो रही है। (पसारकर/मोड़कर)

(ii) रसोई ———————— है। (बंद/खुली)

(iii) पतीले ———————— हुए हैं। (खाली/भरे)

(iv) आज ———————— का राज है। (चूहों/बिल्ली)

3 कविता की पंक्तियाँ पूरी कीजिए।

> मूँछ, चीज़ें, पीछे, पूँछ, उतरो, सिकोड़ो, पसारे, छत के

(i) घर के ———————— ,

———————— नीचे,

पाँव ————————

———————— सँवारे।

(ii) ———————— मरोड़ो,

पूँछ ———————— ,

नीचे ———————— ,

———————— कुतरो।

4 निम्नलिखित प्रश्नों के उत्तर लिखिए।

(i) बिल्ली किस जगह सोई है?

____

(ii) घर घर घर घर की आवाज़ कहाँ से आ रही है?

____

(iii) मटका कैसे उलटा जाएगा?

(iv) चट कर जाने का अर्थ क्या है?

(v) चूहे किस प्रकार नीचे उतरेंगे?

(vi) चूहों का राज होने पर वे क्या करते हैं?

(vii) कौन, किससे नहीं डर रहा और क्यों?

भाषा आधारित प्रश्न

1 दिए गए अक्षरों से दो-दो शब्द बनाइए।

(i) ज –

(ii) र –

(iii) छ –

(iv) उ –

2 नीचे चूहे के चित्र में दर्शाए गए अंगों के नाम लिखिए।

09

बंदर और गिलहरी

पाठ आधारित प्रश्न

1 प्रश्नों के सही विकल्प पर (✓) का निशान लगाइए।

(i) बंदर कहाँ बैठा था?

(क) छत पर ☐　(ख) ज़मीन पर ☐

(ग) पेड़ पर ☐　(घ) सड़क पर ☐

(ii) कौन-सी चीज़ ज़मीन तक लटक रही थी?

(क) बंदर की पूँछ ☐　(ख) पेड़ की डाली ☐

(ग) पतंग की डोर ☐　(घ) बंदर के बाल ☐

(iii) गिलहरी ने अचानक कौन-सी चीज़ देखी?

(क) पूँछ ☐　(ख) डाली ☐

(ग) पतंग ☐　(घ) रस्सी ☐

(iv) बंदर ने गिलहरी को क्या कहकर पुकारा?

    (क) माता   ☐   (ख) पुत्री   ☐

    (ग) बहन   ☐   (घ) मौसी   ☐

(v) गिलहरी ने बंदर को क्या कहकर बुलाया था?

    (क) बंदर मामा   ☐   (ख) बंदर भैया   ☐

    (ग) बंदर चाचा   ☐   (घ) बंदर मौसा   ☐

2 कोष्ठकों में दिए गए शब्दों की सहायता से रिक्त स्थान भरिए।

(i) बंदर की पूँछ बहुत ＿＿＿＿＿ थी। (लंबी/छोटी)

(ii) ＿＿＿＿＿ पूँछ पर चढ़कर झूलने लगी। (चिड़िया/गिलहरी)

(iii) गुदगुदी होने पर बंदर ने ＿＿＿＿＿ देखा। (ऊपर/नीचे)

(iv) गिलहरी ＿＿＿＿＿ हुई पेड़ की डाली पर चढ़ गई। (हँसती/डरती)

3 सही कथन पर (✓) का और गलत कथन पर (✗) का निशान लगाइए।

(i) गिलहरी बंदर की पूँछ को खींचने लगी।   ☐

(ii) बंदर गिलहरी को देखकर क्रोधित हुआ।   ☐

(iii) बंदर के मना करने पर भी गिलहरी उसकी
पूँछ पर झूलती रही।   ☐

(iv) गिलहरी को मज़ा आ रहा था।   ☐

4 निम्नलिखित प्रश्नों के उत्तर दीजिए।

(i) गिलहरी ज़मीन पर क्या कर रही थी?

＿＿＿＿＿＿＿＿＿＿＿＿＿＿＿＿＿＿＿＿＿

(ii) पूँछ देखकर गिलहरी ने क्या सोचा?

＿＿＿＿＿＿＿＿＿＿＿＿＿＿＿＿＿＿＿＿＿

(iii) बंदर को गुदगुदी क्यों लगी?

(iv) 'यह क्या कर रही हो?' बंदर ने गिलहरी से ऐसा क्यों कहा?

(v) गिलहरी ने चौंककर बंदर को क्या कहा?

(vi) गिलहरी को किस काम में खूब मज़ा आ रहा था?

(vii) पूँछ से उतरकर गिलहरी कहाँ गई?

भाषा आधारित प्रश्न

1 वर्णों को इधर-उधर करके अर्थपूर्ण शब्द बनाइए।

(i) कए ———————   (ii) ज़ाम ———————

(iii) ड़ाब ———————   (iv) लीडा ———————

2 एक को अनेक में लिखिए।

(i) एक बंदर   अनेक ———————

(ii) एक गिलहरी   अनेक ———————

(iii) एक पेड़   अनेक ———————

(iv) एक डाली   अनेक ———————

१० पगड़ी

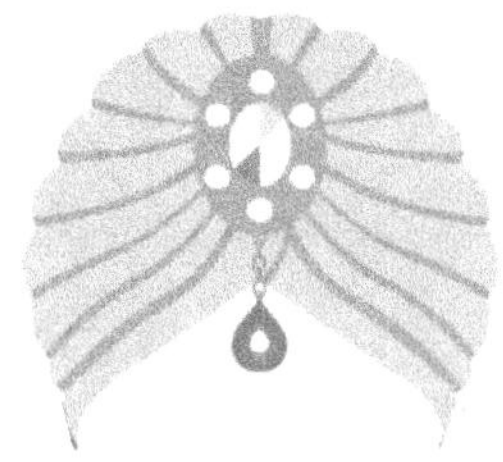

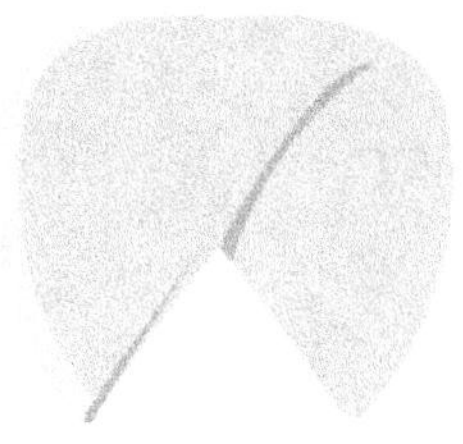

पाठ आधारित प्रश्न

1 प्रश्नों के सही विकल्प पर (✓) का निशान लगाइए।

(i) किस चीज़ को खूब रगड़ा गया?

(क) मैल को ☐   (ख) पगड़ी को ☐

(ग) बाल्टी को ☐   (घ) साड़ी को ☐

(ii) मोटी-तगड़ी कौन थी?

(क) मालकिन ☐   (ख) पगड़ी ☐

(ग) साड़ी ☐   (ख) बाल्टी ☐

2 कोष्ठकों में दिए गए शब्दों की सहायता से रिक्त स्थान भरिए।

(i) मालकिन ______________ थी। (कमज़ोर/हट्टी-कट्टी)

(ii) मालकिन ______________ कर रही थी। (झगड़ा/मेल-मिलाप)

3 कविता की पंक्तियाँ पूरी कीजिए।

> *मैल, तर गई, न रह गई, मैल*

(i) रह गया ___________,   (ii) तर गया ___________,

___________ पगड़ी।   और ___________ पगड़ी।

4 निम्नलिखित प्रश्नों के उत्तर लिखिए।

(i) पगड़ी कैसी थी?

(ii) पगड़ी को किस प्रकार साफ़ किया जा रहा था?

(iii) अंत में पगड़ी का क्या हुआ?

भाषा आधारित प्रश्न

1 सही वर्ण पर ओ (ो) और औ (ौ) की मात्रा लगाकर शब्द लिखिए।

(i) मटी ___________   (ii) अर ___________

2 कविता में प्रयोग किए गए एक साथ बोले जाने वाले शब्द लिखिए; जैसे—माता-पिता।

(i) मोटी ___________   (ii) हट्टी ___________

3 पगड़ी फटती है। इसी प्रकार इन चीज़ों का क्या होता है?

(i) जूते ___________ हैं। (फटना)

(ii) बर्तन ___________ हैं। (टूटना)

11

पतंग

पाठ आधारित प्रश्न

1 प्रश्नों के सही विकल्प पर (✓) का निशान लगाइए।

(i) उड़ती हुई पतंग कैसी आवाज़ निकाल रही है?

  (क) खट–खट–खट–खट   (ख) सर–सर–सर–सर

  (ग) चर–चर–चर–चर   (घ) हर–हर–हर–हर

(ii) पतंग क्या लगा रही है?

  (क) दौर   (ख) सैर–सपाटा

  (ग) चक्कर   (घ) इनमें से कुछ नहीं

(iii) पतंग किसमें जुटी हुई है?

  (क) उड़ने में   (ख) बोलने में

  (ग) लड़ने में   (घ) लुटने में

(iv) कविता में किसके लुटने की बात कही गई है?

  (क) धागे के   (ख) पतंग के

  (ग) कागज़ के   (घ) इनमें से किसी के नहीं

2 निम्नलिखित प्रश्नों के उत्तर लिखिए।

   (i) पतंग किससे लड़ती है?

   (ii) कविता में किसके कटने की बात की जा रही है?

भाषा आधारित प्रश्न

1 बॉक्स में से छाँटकर लिखिए।

> पतंग, उड़ी, काटा, अरे

   (i) 'उ' वर्ण वाला शब्द   ————————

   (ii) 'क' वर्ण वाला शब्द   ————————

   (iii) ए (े) मात्रा वाला शब्द   ————————

   (iv) अं (ं) मात्रा वाला शब्द   ————————

2 सही वर्ण पर 'उ' (ु) अथवा 'ऊ' (ू) मात्रा लगाकर शब्द लिखिए।

   (i) जटी ————————   (ii) खब ————————

3 बॉक्स में दिए शब्दों में से समान लय वाले शब्द छाँटकर लिखिए।

> सपाटा, लुटी, फर-फर, उसको

   (i) जुटी ————————   (ii) काटा ————————

   (iii) इसको ————————   (iv) सर-सर ————————

12

गेंद-बल्ला

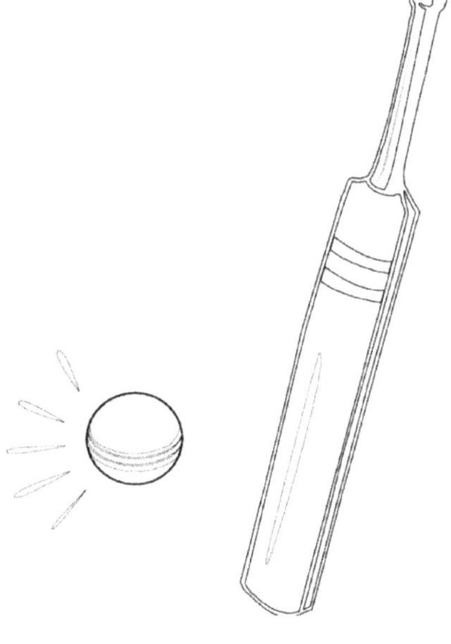

पाठ आधारित प्रश्न

1 प्रश्नों के सही विकल्प पर (✓) का निशान लगाइए।

(i) गेंद कहाँ छिप गई?

(क) गड्ढे में ☐ (ख) टोकरी में ☐

(ग) झाड़ी में ☐ (घ) घर में ☐

(ii) कौन, किसे ढूँढ़ रहा है?

(क) गेंद, बल्ले को ☐ (ख) बल्ला, गेंद को ☐

(ग) गेंद, गेंद को ☐ (घ) बल्ला, बल्ले को ☐

(iii) ढूँढ़ते-ढूँढ़ते क्या हो गई?

(क) शाम ☐ (ख) सुबह ☐

(ग) दोपहर ☐ (घ) रात ☐

2 उचित शब्द चुनकर रिक्त स्थान भरिए।

(i) गेंद कुदकती-फुदकती _______________ जाकर छिप गई। (पास/दूर)

(ii) _______________ घिरने लगा। (अँधेरा/उजाला)

(iii) बल्ला _______________ होकर लौट चला। (खुश/निराश)

(iv) बल्ले ने गेंद को झाड़ी के _______________ से खींचकर उठा लिया।
(नीचे/ऊपर)

3 सही कथन पर (✓) का और गलत कथन पर (✗) का निशान लगाइए।

(i) बल्ले ने गेंद को धीरे से मारा था। ☐

(ii) बल्ले को परेशान होता देख गेंद खुश हुई। ☐

(iii) अंत में गेंद बल्ले से जा मिली। ☐

4 निम्नलिखित प्रश्नों के उत्तर दीजिए।

(i) गेंद-बल्ले के खेल में कौन, किसे मारता है?

(ii) पास आने पर बल्ले ने गेंद का क्या किया?

(iii) बल्ला किस कारण परेशान था?

(iv) गेंद के 'मैं यहाँ हूँ' कहने पर बल्ले ने क्या किया?

भाषा आधारित प्रश्न

1 दिए गए शब्दों के सही अर्थ चुनकर उन पर घेरा लगाइए।

    (i) पास   —   पासा   नज़दीक   पाँच

    (ii) परेशान   —   उदास   खुश   बेचैन

2 गेंद से संबंधित खेलों पर घेरा लगाइए।

बैडमिंटन   शतरंज   क्रिकेट   फुटबॉल

कबड्डी   टेनिस   गुल्ली-डंडा   पिट्ठू

3 दौड़ कर खेले जाने वाले दो खेलों के नाम लिखिए

    (i) _______________________   _______________________

    (ii) _______________________   _______________________

4 मिलान कीजिए।

    (i) बल्ला   (क) डंडा

    (ii) पतंग   (ख) गेंद

    (iii) गुल्ली   (ग) माँझा

१३

बंदर गया खेत में भाग

पाठ आधारित प्रश्न

1 प्रश्नों के सही विकल्प पर (✓) का निशान लगाइए।

(i) बंदर भागकर कहाँ गया?

(क) बाज़ार ☐   (ख) खेत में ☐

(ग) छत पर ☐   (घ) दीवार पर ☐

(ii) खाने के क्रम में बंदर के मुँह से कैसी आवाज़ निकल रही थी?

(क) चट्टर-पट्टर ☐   (ख) चुट्टर-मुट्टर ☐

(ग) सापड़-सूपड़ ☐   (घ) खट्टर-पट्टर ☐

(iii) बंदर ने सोने के लिए कौन-सी चीज़ बिछाई?

(क) चलनी ☐   (ख) सूप ☐

(ग) दूब ☐   (घ) चटाई ☐

(iv) बंदर ने सूप को किस काम में लिया?

    (क) बिछाने के   ☐   (ख) बैठने के   ☐

    (ग) ओढ़ने के   ☐   (घ) खाने के   ☐

2 रिक्त स्थान भरिए।

(i) बंदर ने _________ तोड़ा। (साग/फल)

(ii) _________ चट्टर-मट्टर करके जल रही थी। (दूब/आग)

3 सही कथन पर (✓) का और गलत कथन पर (✗) का निशान लगाइए।

(i) साग पकाने पर खद्दर-बद्दर की आवाज़ हो रही थी।   ☐

(ii) बंदर पेड़ पर चढ़कर सो गया।   ☐

(iii) बंदर डटकर सोया था।   ☐

4 कविता की पंक्तियाँ पूरी कीजिए।

> *खाया खूब, पौंछा, चुट्टर-मुट्टर, खेत में भाग, दूब*

(i) बंदर गया _________   (ii) सापड़-सूपड़ _________

_________ तोड़ा साग।   _________ मुँह उखाड़कर _________।

5 निम्नलिखित प्रश्नों के उत्तर दीजिए।

(i) बंदर ने खेत में जाकर क्या किया?

(ii) बंदर ने आग क्यों जलाई?

(iii) बंदर ने साग कैसे खाया?

(iv) बंदर ने खाने के बाद मुँह की सफ़ाई के लिए कौन-सी चीज़ उखाड़ी?

____

(v) बंदर ने सोने के लिए क्या-क्या इंतज़ाम किया था?

____

भाषा आधारित प्रश्न

1 समझिए और लिखिए।

    (i) चट्टर-मट्टर =   चट्टर-मट्टर

    (ii) खद्दर-बद्दर = _______________

    (iii) चुट्टर-मुट्टर = _______________

2 कविता में से समान लय वाले दो शब्द छाँटकर लिखिए।

> भाग, ऊब, कूप, खूब, सूप, नाग

    (i) भूप _______________ , _______________

    (ii) दूब _______________ , _______________

    (iii) साग _______________ ,

14

एक बुढ़िया

पाठ पर आधारित प्रश्न

1 प्रश्नों के सही विकल्प पर (✓) का निशान लगाइए।

(i) बुढ़िया का नाम क्या था?

    (क) कुछ भी नहीं   (ख) सलमा

    (ग) सावित्री   (घ) रमा

(ii) यहाँ किसके पास काम न होने की बात की जा रही है?

    (क) बालक के   (ख) बुढ़िया के

    (ग) किसान के   (घ) नौकर के

(iii) बुढ़िया दिनभर क्या करती थी?

    (क) सिलाई   (ख) पूजा-पाठ

    (ग) कुछ भी नहीं   (घ) काम

(iv) बुढ़िया को क्या नहीं था?

    (क) आराम   (ख) संतोष

    (ग) सुख   (घ) चैन

2 रिक्त स्थान भरिए।

(i) बुढ़िया दिनभर ——————————— रहती थी। (खाली, काम में लगी)

(ii) बुढ़िया के लिए दोपहर, दिन, रात, सवेरे और ——————— में से कुछ भी न थी। (शाम/सुबह)

3 सही कथन पर (✓) का और गलत कथन पर (✗) का निशान लगाइए।

(i) 'एक बुढ़िया' कविता में बुढ़िया और उसके बेटे का वर्णन है। ☐

(ii) बुढ़िया आराम से अपना जीवन बिताती थी। ☐

(iii) कविता में बुढ़िया के रहने के स्थान का उल्लेख नहीं है। ☐

(iv) बुढ़िया छड़ी के सहारे चलती थी। ☐

4 कविता की पंक्तियाँ पूरी कीजिए।

> *दिन, रात, नहीं था, आराम नहीं था, शाम, कुछ भी, से उसको, एक बुढ़िया*

(i) कहीं ——————— थी जिसका

नाम ——————— कुछ भी,

(ii) काम न होने ———————

——————— कुछ भी,

(iii) दोपहरी ——————— सवेरे,

——————— नहीं थी ———————।

5 निम्नलिखित प्रश्नों के उत्तर दीजिए।

(i) बुढ़िया दिनभर खाली क्यों रहती थी?

(ii) बुढ़िया को आराम क्यों न था?

(iii) बुढ़िया के पास कौन-कौन-सी चीज़ें नहीं थी?

भाषा आधारित प्रश्न

1 सही वर्ण पर आ (ा) की मात्रा लगाकर शब्द लिखिए।

(i) शम   (ii) अरम

2 इ (ि) अथवा ई (ी) मात्रा लगाकर शब्द लिखिए।

(i) थ   (ii) जसका

3 कविता में से समान लय वाले शब्दों को छाँटकर लिखिए।

काम   (i)   (ii)   (iii)

4 दिए गए शब्दों को जोड़कर नया शब्द बनाइए।

जैसे— दिन + भर = दिनभर

(i) रात + भर =   (ii) गाँव + भर =

(iii) दिन + भर =   (iv) पेट + भर =

5 कविता में से उलटे अर्थ वाले शब्द छाँटकर लिखिए।

(i) रात   (ii) शाम

15

मैं भी...

पाठ आधारित प्रश्न

1 प्रश्नों के सही विकल्प पर (✓) का निशान लगाइए।

   (i) पाठ में कितने अंडों का वर्णन किया गया है?

     (क) एक   (ख) दो

     (ग) तीन   (घ) चार

   (ii) बत्तख का बच्चा क्या खोद रहा था?

     (क) कुआँ   (ख) सुरंग

     (ग) गड्ढा   (घ) तालाब

   (iii) केंचुआ मिलने की बात पहले किसने कही?

     (क) बत्तख के बच्चे ने   (ख) मुर्गी के चूज़े ने

     (ग) दोनों ने एक साथ   (घ) इनमें से कोई नहीं

   (iv) तितली किसने पकड़ी थी?

     (क) बत्तख के बच्चे ने   (ख) मुर्गी के चूज़े ने

     (ग) दोनों ने   (घ) दोनों में से किसी ने नहीं

(v) तैरने की इच्छा पहले किसने जताई?

(क) बत्तख के बच्चे ने ☐ (ख) मुर्गी के चूज़े ने ☐

(ग) दोनों ने एक साथ ☐ (घ) इनमें से कोई नहीं ☐

2 सही शब्द को चुनकर रिक्त स्थान भरिए।

(i) अंडे में से _____________ मुर्गी का चूज़ा निकला। (बाद में/पहले)

(ii) अंडों से निकले बच्चों ने पहले _____________ को पकड़ा था।(केंचुए/तितली)

(iii) मुर्गी का चूज़ा पानी में _____________ लगा था। (तैरने/डूबने)

3 सही कथन पर (✓) का और गलत कथन पर (✗) का निशान लगाइए।

(i) मुर्गी के एक चूज़े को बिल्ली खा गई थी। ☐

(ii) बत्तख का बच्चा पानी में जाने से डरता था। ☐

(iii) मुर्गी के चूज़े को तैरना नहीं आता था। ☐

(iv) जो काम बत्तख का बच्चा कर रहा था, वही चूज़ा भी करने लगा। ☐

(v) काम करते-करते चूज़ा घायल हो गया। ☐

4 निम्नलिखित प्रश्नों के उत्तर दीजिए।

(i) अंडों में से किस-किस पक्षी के बच्चे निकले?

____

(ii) अंडे में से निकलने के बाद बत्तख का बच्चा कहाँ गया? उसके पीछे-पीछे कौन चल पड़ा?

____

(iii) 'मैं भी खोदूँगा' कहकर कौन क्या खोदने की बात कर रहा है?

____

(iv) पानी में पहले कौन उतरा?

____

(v) अंत में किसकी जान आफ़त में फँसी? उसे किसने बचाया?

(vi) बत्तख के बच्चे और मुर्गी के चूज़े ने एक साथ कौन-कौन से काम किए?

(vii) पाठ में कौन, किसकी नकल कर रहा था?

भाषा आधारित प्रश्न

1 सही वर्ण पर आ (ा), इ (ि) एवं ई (ी) मात्रा लगाकर शब्द बनाइए।

(i) बहर ____________ (ii) पन ____________

(iii) ततल ____________ (iv) भ ____________

(v) नकल ____________ (vi) पकड़ ____________

(vii) अय ____________

2 एक से अनेक बनाइए।

जैसे— एक संतरा अनेक संतरे।

(i) एक चूज़ा अनेक ____________

(ii) एक बच्चा अनेक ____________

(iii) एक तितली अनेक ____________

(iv) एक केंचुआ अनेक ____________

3 उदाहरण देखकर शब्दों का लिंग बदलिए।

जैसे— बकरी – बकरा

(i) बच्चा ____________ (ii) मुर्गी ____________

16

लालू और पीलू

पाठ आधारित प्रश्न

1 प्रश्नों के सही विकल्प पर (✓) का निशान लगाइए।

(i) मुर्गी के कितने चूज़े थे?

(क) एक   (ख) दो

(ग) चार   (घ) छ:

(ii) पौधे पर किस रंग की चीज़ थी?

(क) हरे   (ख) पीले

(ग) लाल   (घ) नीले

(iii) लालू ने कौन-सी चीज़ खाई थी?

(क) मिर्च   (ख) मिठाई

(ग) केंचुआ   (घ) बर्फ़ी

2 सही शब्द को चुनकर रिक्त स्थान भरिए।

(i) मुर्गी के चूज़ों के नाम लालू और ⎯⎯⎯⎯ थे। (गोलू/पीलू)

(ii) लालू की ⎯⎯⎯⎯ जलने लगी। (आँख/जीभ)

(iii) लालू ने गुड़ को ⎯⎯⎯⎯ खाया था। (रुककर/झटपट)

(iv) ⎯⎯⎯⎯ ने लालू और पीलू को लिपटा लिया। (मुर्गी/मुर्गे)

3 सही कथन पर (✓) का और गलत कथन पर (✘) का निशान लगाइए।

(i) मिर्च लाल रंग की थी।

(ii) मुर्गी धीरे-धीरे चलकर आई थी।

(iii) पीलू ने गुड़ खाया था।

4 निम्नलिखित प्रश्नों के उत्तर दीजिए।

(i) लालू किस रंग की चीज़ें खाता था?

(ii) पीलू किस रंग की चीज़ें खाता था?

(iii) एक दिन लालू ने कहाँ, क्या देखा?

(iv) लालू किस कारण से रोने लगा?

(v) लालू के रोने की आवाज़ सुनकर कौन-कौन आया?

(vi) गुड़ का टुकड़ा कौन लाया था?

भाषा आधारित प्रश्न

1 निम्नलिखित शब्दों को ठीक करके लिखिए।

   (i) मिच —————————————   (ii) मुगी —————————————

2 उचित शब्दों को चुनकर रिक्त स्थान भरिए।

   (i) मुर्गी ————————— हुई आई। (दौड़ा/दौड़ी)

   (ii) जीभ जलने ————————। (लगा/लगी)

   (iii) मुँह जलने ————————। (लगा/लगी)

3 नीचे के चित्र में तोता बड़े मज़े से मिर्च खा रहा है। यदि आप मिर्च खा लें तो आपकी हालत कैसी होगी? पाँच पंक्तियों में लिखिए।

   (i) —————————————————————————————

   (ii) —————————————————————————————

   (iii) —————————————————————————————

   (iv) —————————————————————————————

   (v) —————————————————————————————

१७

चकई के चकदुम

पाठ आधारित प्रश्न

1 प्रश्नों के सही विकल्प पर (✓) का निशान लगाइए।

    (i) कविता में कहाँ की मड़ैया का उल्लेख किया गया है?

        (क) शहर की ☐   (ख) गाँव की ☐

        (ग) घर की ☐   (घ) इनमें से कोई नहीं ☐

    (ii) गाय किसकी है?

        (क) व्यापारी की ☐   (ख) राजा की ☐

        (ग) ग्वाले की ☐   (घ) नौकर की ☐

2 सही शब्द को चुनकर रिक्त स्थान भरिए।

    (i) कविता में बच्चे —————— में रहने की बात करते हैं। (मड़ैया/बगिया)

    (ii) अंत में खेल —————— होता है। (शुरू/खतम)

    (iii) कविता में 'हम–तुम' का प्रयोग —————— बार किया जाता है।
       (पाँच/सात)

3 सही कथन पर (✓) का और गलत कथन पर (✗) का निशान लगाइए।

  (i) कविता में बच्चों द्वारा साथ रहने की बात कही गई है।

  (ii) कविता में मिट्टी के चूल्हे पर खाना पकाया जा रहा है।

  (iii) कविता में नदी में तैरने की बात कही गई है।

4 निम्नलिखित प्रश्नों के उत्तर दीजिए।

  (i) कविता में क्या पीने की बात की जा रही है?

  (ii) नाव से क्या किया जाएगा?

  (iii) बगिया में क्या लगे हुए हैं?

  (iv) यहाँ किस स्थान से कौन-सी चीज़ चुनने की बात की जा रही है?

  (v) खेल खत्म होने के बाद क्या करने की बात की जा रही है?

  (vi) कविता में साथ-साथ क्या-क्या करने की इच्छा व्यक्त की गई है?

भाषा आधारित प्रश्न

1 कोष्ठक में से उचित शब्द चुनकर रिक्त स्थान भरिए।

    (i) गाँव __________ मड़ैया। (का/की)

    (ii) ग्वाले __________ गाय। (की/का)

    (iii) बच्चों __________ खेल। (की/का)

    (iv) फूल __________ बगिया। (का/की)

2 सही वर्ण पर ए (े) अथवा ऐ (ै) मात्रा लगाकर शब्द लिखिए।

    (i) क __________   (ii) भया __________

    (iii) मड़या __________   (iv) ग्वाल __________

3 शब्द समूह में से छाँटकर उलटे अर्थ वाले शब्द लिखिए।

> दीदी, जाओ, शहर, दही, तुम, काँटा

    (i) हम __________   (ii) आओ __________

    (iii) गाँव __________   (iv) दूध __________

    (v) फूल __________   (vi) भैया __________

18

छोटी का कमाल

पाठ आधारित प्रश्न

1 प्रश्नों के सही विकल्प पर (✓) का निशान लगाइए।

(i) कविता में किसके अकड़ने की बात की जा रही है?

(क) छोटी के

(ख) समरसिंह के

(ग) छोटी और समरसिंह दोनों के

(घ) उपरोक्त में से कोई नहीं

(ii) समरसिंह के अनुसार छोटी क्या थी?

(क) पतली रोटी   (ख) आलू भरा पराँठा

(ग) गन्ना   (घ) इनमें से कोई नहीं

(iii) समरसिंह कैसे थे?

(क) पतले दुबले   (ख) मोटे तगड़े

(ग) हल्के-फुल्के   (घ) इनमें से कोई नहीं

(iv) समरसिंह किस चीज़ पर बैठे थे?

(क) सड़क पर   □   (ख) पेड़ पर   □

(ग) सी-सा पर   □   (घ) दीवार पर   □

2 रिक्त स्थान भरिए।

(i) समरसिंह की नज़रों में छोटी बहुत __________ थी। (छोटी/बड़ी)

(ii) छोटी __________ थी। (मोटी तगड़ी/पतली दुबली)

(iii) छोटी सी-सा पर __________ जा पहुँची। (ऊपर/नीचे)

3 सही कथन पर (✓) का और गलत कथन पर (✗) का निशान लगाइए।

(i) छोटी समरसिंह से बड़ी थी। □

(ii) समरसिंह लंबे थे। □

(iii) समरसिंह पहले से जानते थे कि वह सी-सा पर नीचे चले जाएँगे। □

4 कविता की पंक्तियाँ पूरी कीजिए।

(i) __________ बहुत अकड़ते, (ii) मैं हूँ लंबा, __________ ,

छोटी, __________ । __________ दुबली।

(iii) मैं __________ का रस्सा, (iv) छोटी जा __________ ,

छोटी __________ । __________ चकराए।

5 निम्नलिखित प्रश्नों के उत्तर दीजिए।

(i) समरसिंह ने स्वयं को कैसा पराँठा माना है?

____

(ii) कविता में 'मैं' का प्रयोग किसके लिए हुआ है?

____

(iii) समरसिंह ने स्वयं को कैसा रस्सा माना है?

(iv) समरसिंह ने छोटी की तुलना किस सुतली से की है?

(v) कविता में किसके होश ठिकाने आने की बात की गई है?

(vi) कौन चकरा गया और क्यों?

भाषा आधारित प्रश्न

1 अनुस्वार (˙) अथवा चंद्रबिंदु (ँ) लगाकर शब्दों को फिर से लिखिए।

(i) लबा ———— (ii) पराठा ————

2 शब्द समूह में से उलटे अर्थ वाले शब्द छाँटकर लिखिए।

पक्की, बड़ी, पतला, छोटा

(i) छोटी ———— (ii) कच्ची ————

(iii) लंबा ———— (iv) मोटा ————

3 सही शब्द चुनकर रिक्त स्थान भरिए।

(i) ———— रोटी (पतला/पतली)

(ii) ———— रस्सा (मोटा/मोटी)

(iii) ———— सुतली (कच्चा/कच्ची)

(iv) ———— पराँठा (भरा/भरी)

१9

चार चने

पाठ आधारित प्रश्न

1 प्रश्नों के सही विकल्प पर (✓) का निशान लगाइए।

(i) कविता में कौन-सी चीज़ पास होने की चाह की गई है?

(क) ताकत   ☐   (ख) अक्ल   ☐

(ग) पैसा   ☐   (घ) रोटी   ☐

(ii) कविता में कौन-सी चीज़ खरीदने की बात की जा रही है?

(क) घोड़ा   ☐   (ख) पैसा   ☐

(ग) चना   ☐   (घ) दाल   ☐

(iii) तोता कैसे गाता?

(क) टाँय-टाँय   ☐   (ख) काँव-काँव   ☐

(ग) चीं-चीं   ☐   (घ) काॅय-काॅय   ☐

(iv) घोड़े को कितने चने खिलाए जाते?

(क) बीस   ☐   (ख) एक   ☐

(ग) पचास   ☐   (घ) दो   ☐

(v) चना खाने से किसका दाँत टूट जाता?

    (क) घोड़े का ☐   (ख) चूहे का ☐

    (ग) तोते का ☐   (घ) इनमें से किसी का नहीं ☐

2 रिक्त स्थान भरिए।

(i) _____________ से चने खरीदे जाते। (सोने/पैसे)

(ii) घोड़े को खिलाने के बाद _____________ चने बच जाते। (चार/तीन)

(iii) _____________ में से एक चना चूहे को खिलाया जाता। (चार/दस)

3 सही कथन पर (✓) का और गलत कथन पर (✗) का निशान लगाइए।

(i) चना खाकर तोता गाना सुनाता। ☐

(ii) कविता में घोड़े को पानी पिलाने की बात की गई है। ☐

(iii) कविता में बिल्ली का वर्णन नहीं किया गया है। ☐

4 कविता की पंक्तियाँ पूरी कीजिए।

(i) पैसा पास _____________   (ii) _____________ चार चने लाते,

_____________ चना तोते को खिलाते।   चार में से _____________।

तोते को _____________ गाता,   _____________ तो दाँत टूट जाता।

टाँय-टाँय _____________ आता।   दाँत टूट _____________।

5 निम्नलिखित प्रश्नों के उत्तर दीजिए।

(i) तोता किस प्रकार मनोरंजन करता है?

____

(ii) चना खाकर घोड़ा क्या करता?

(iii) कविता में किसकी पीठ पर बैठने की इच्छा व्यक्त की गई है?

(iv) चूहे के दाँत टूट जाने से क्या होता?

(v) 'चार चने' कविता में किन-किन पशु-पक्षियों की चर्चा की गई है?

भाषा आधारित प्रश्न

1 कविता में से समान लय वाले शब्द छाँटकर लिखिए।

   (i) खिलाते ————————— (ii) बिठाता ————————

2 एक से अनेक बनाइए।

   जैसे—एक चना   दो चने   अनेक चने

   (i) एक घोड़ा   दो —————   अनेक —————

   (ii) एक दाँत   दो —————   अनेक —————

   (iii) एक तोता   दो —————   अनेक —————

   (iv) एक चूहा   दो —————   अनेक —————

20 भगदड़

पाठ आधारित प्रश्न

1 प्रश्नों के सही विकल्प पर (✓) का निशान लगाइए।

(i) बुढ़िया कितने वर्ष की थी?

(क) साठ   (ख) पचास

(ग) पैंसठ   (घ) सौ

(ii) मक्खी उड़कर कहाँ आई?

(क) चक्की पर   (ख) मिठाई पर

(ग) रोटी पर   (घ) आटे पर

(iii) बुढ़िया बाँस से किसे मारना चाहती थी?

(क) कुत्ते को   (ख) बिल्ली को

(ग) मक्खी को   (घ) बकरे को

(iv) रोटी लेकर कौन भागा?

(क) कुत्ता   (ख) बिल्ली

(ग) बकरा   (घ) मक्खी

2 सही शब्द चुनकर रिक्त स्थान भरिए।

   (i) मिठाई ——————— में रखी थी। (डिब्बे/दोने)

   (ii) बिल्ली को खाते देख बुढ़िया घर के ——————— झपटी। (अंदर/बाहर)

   (iii) कुत्ते के जाने ——————— घर में बकरा घुस गया। (से पहले/के बाद)

3 सही कथन पर (✓) का और गलत कथन पर (✗) का निशान लगाइए।

   (i) बिल्ली पकौड़ी खाने लगी। ☐

   (ii) बिल्ली और कुत्ता आपस में लड़ने लगे। ☐

   (iii) अंत में बुढ़िया ने बिल्ली की पिटाई कर दी। ☐

4 निम्नलिखित प्रश्नों के उत्तर दीजिए।

   (i) बुढ़िया कौन-सा काम कर रही थी?

   (ii) बुढ़िया ने सबसे पहले किसे भगाया?

   (iii) बिल्ली क्या खाने लगी थी?

   (iv) बुढ़िया को किस-किस ने परेशान किया?

   (v) बकरे को घर में घुसने का मौका कैसे मिला?

   (vi) मटका किससे गिरा और कब?

भाषा आधारित प्रश्न

1 दिए गए शब्दों में से समान लय वाले शब्द छाँटकर लिखिए।

> *आई, मटका, पक्की, दौड़ी*

(i) चक्की _____________

(ii) पकौड़ी _____________

(iii) सटका _____________

(iv) मिठाई _____________

2 दिए गए शब्दों में से उलटे अर्थ वाले शब्द छाँटकर लिखिए।

> *बकरी, बूढ़ा, बाहर, उठना*

(i) अंदर _____________

(ii) बुढ़िया _____________

(iii) बकरा _____________

(iv) बैठना _____________

3 कोष्ठक में दिए गए शब्दों के सही रूप से वाक्य पूरे कीजिए।

(i) बिल्ली दूध __________ है। (पीना)

(ii) कुत्ता __________ रहा है। (भौंकना)

(iii) मक्खी __________ रही है। (उड़ना)

(iv) बकरा घास __________ है। (चरना)

21

हलीम चला चाँद पर

पाठ आधारित प्रश्न

1 प्रश्नों के सही विकल्प पर (✓) का निशान लगाइए।

   (i) हलीम किस कारखाने में गया था?

      (क) पटाखे के ☐   (ख) लोहे के ☐

      (ग) रॉकेट के ☐   (घ) इनमें से कोई नहीं ☐

   (ii) हलीम को कहाँ का रास्ता नहीं मालूम था?

      (क) पृथ्वी का ☐   (ख) चाँद का ☐

      (ग) मंगल का ☐   (घ) घर का ☐

   (iii) चाँद पर कौन पहुँचा है?

      (क) सलीम ☐   (ख) हलीम ☐

      (ग) नदीम ☐   (घ) फहीम ☐

2 सही शब्द चुनकर रिक्त स्थान भरिए।

(i) हलीम ____________ पर बैठकर चाँद की यात्रा पर चल पड़ा। (रॉकेट/हवाई जहाज़)

(ii) हलीम चाँद को देखकर ____________ हो गया। (दुखी/खुश)

(iii) चाँद पर खूब सारे ____________ थे। (तालाब/गड्ढे)

(iv) चाँद पर ____________ पहाड़ थे। (छोटे-छोटे/बड़े-बड़े)

3 सही कथन पर (✓) का और गलत कथन पर (✗) का निशान लगाइए।

(i) हलीम को चाँद पृथ्वी से अच्छा नहीं लगा। ☐

(ii) यात्रा के दौरान हलीम बीमार हो गया। ☐

(iii) अंत में हलीम रॉकेट में बैठकर घर लौट गया। ☐

4 निम्नलिखित प्रश्नों के उत्तर दीजिए।

(i) हलीम ने एक दिन कहाँ जाने के लिए सोचा?

(ii) हलीम को रॉकेट कहाँ से मिला?

(iii) हलीम कब डरने लगा और क्यों?

(iv) चाँद पर क्या-क्या नहीं था?

(v) 'ये भी कोई जगह है!' ऐसा किसने सोचा?

भाषा आधारित प्रश्न

1 उचित स्थान पर (˘) अथवा (ँ) लगाकर शब्दों
को फिर से लिखिए।

(i) चाद ____________________

(ii) राकेट ____________________

(iii) अधेरा ____________________

2 आ (ा) अथवा ए (े) की मात्रा लगाकर शब्दों को फिर से लिखिए।

(i) जनवर ____________   (ii) पड़ ____________

(iii) पहड़ ____________   (iv) रस्त ____________

3 एक से अनेक बनाइए।

जैसे—एक तारा - अनेक तारे;   एक पेड़ - अनेक पेड़

(i) एक कारखाना   अनेक ____________

(ii) एक रास्ता   अनेक ____________

(iii) एक गड्ढा   अनेक ____________

(iv) एक जानवर   अनेक ____________

4 हलीम अँधेरे से डरता है। आपको भी कुछ चीज़ों से डर लगता होगा। ऐसी तीन चीज़ों
के नाम लिखिए जिनसे आपको डर लगता है।

(i) ____________   (ii) ____________   (iii) ____________

22

हाथी चल्लम चल्लम

पाठ आधारित प्रश्न

1 प्रश्नों के सही विकल्प पर (✓) का निशान लगाइए।

(i) हाथी की सूँड़ कैसी है?

(क) नुकीली   (ख) लंबी

(ग) छोटी   (घ) मोटी

(ii) हाथी की देह कैसी है?

(क) पतली-दुबली   (ख) थुलथुली

(ग) चौड़ी   (घ) इनमें से कोई नहीं

(iii) हाथी के पाँव कैसे हैं?

(क) खंभे जैसे   (ख) झाड़ू जैसे

(ग) रस्सी जैसे   (घ) डंडे जैसे

(iv) पीलवान के सिर पर क्या है?

    (क) टोपी   (ख) मुकुट

    (ग) पगड़ी   (घ) सेहरा

(v) कविता में हाथी को क्या कहकर पुकारा गया है?

    (क) हाथी दादा   (ख) हाथी चाचा

    (ग) हाथी मामा   (घ) हाथी नाना

2 सही शब्द को चुनकर रिक्त स्थान भरिए।

(i) हाथी की सूँड़ से _____________ आवाज़ निकल रही है।

                        (खट्टर-खट्टर/फट्टर-फट्टर)

(ii) हाथी की देह से _____________ आवाज़ निकलती है।

                   (चल्लल चल्लल/थल्लल थल्लल)

(iii) हाथी सबसे _____________ सवारी है। (अच्छी/बुरी)

(iv) कविता में हाथी से _____________ के लिए कहा जा रहा है। (नाचने/गाने)

3 सही कथन पर (✓) का और गलत कथन पर (✗) का निशान लगाइए।

(i) हौदे में कुछ बच्चे खड़े भी हैं।

(ii) कविता में हाथी की आँखों का वर्णन नहीं किया गया है।

(iii) बच्चे हाथी पर दिन-भर घूमना चाहते थे।

4 निम्नलिखित प्रश्नों के उत्तर दीजिए।

(i) हाथी के चलने से हौदा कैसे हिलता है?

____

(ii) हाथी के दाँत कैसे हैं? वह उनसे कैसी आवाज़ निकालता है?

____

(iii) हाथी अपना कौन-सा अंग और किस प्रकार मटकाता है?

(iv) हाथी पर कौन बैठा है? तथा उसने क्या बाँधा हुआ है?

(v) हाथी की देह किसके जैसी है?

भाषा आधारित प्रश्न

1 चंद्रबिन्दु (ँ) लगाकर शब्दों को फिर से लिखिए।

(i) दात ____________

(ii) पाव ____________

(iii) मूड ____________

(iv) जाएगे ____________

2 नीचे दर्शाए गए चित्र में हाथी के अंगों के नाम लिखिए।

23

सात पूँछ वाला चूहा

पाठ आधारित प्रश्न

1 प्रश्नों के सही विकल्प पर (✓) का निशान लगाइए।

(i) चूहे की कितनी पूँछें थीं?

(क) सात   ☐   (ख) छ: ☐

(ग) पाँच   ☐   (घ) आठ   ☐

(ii) पाठ में किसके तंग होने की बात की गई है?

(क) नाई के   ☐   (ख) चूहे के   ☐

(ग) खरगोश के   ☐   (घ) पूँछ के   ☐

(iii) पहली बार चूहे ने अपनी कितनी पूँछें कटवाईं?

(क) एक   ☐   (ख) दो   ☐

(ग) तीन   ☐   (घ) चार   ☐

(iv) चूहे की पूँछ कौन काटता था?

    (क) माली ☐   (ख) पंडित ☐

    (ग) नाई ☐   (घ) मोची ☐

2 सही शब्द चुनकर रिक्त स्थान भरिए।

(i) _________ पूँछ कटने के बाद चूहे को 'छ: पूँछ का चूहा' कहकर चिढ़ाया जाता था। (एक/दो)

(ii) चार पूँछें कटने के बाद चूहे को _________ 'पूँछ का चूहा' कहकर चिढ़ाया जाता था। (चार/तीन)

3 सही कथन पर (✓) का और गलत कथन पर (✗) का निशान लगाइए।

(i) चूहा हर बार अपनी एक पूँछ कटवाता था। ☐

(ii) सारी पूँछें कट जाने के बाद चूहे की तारीफ़ होने लगी। ☐

4 निम्नलिखित प्रश्नों के उत्तर दीजिए।

(i) सब चूहे को क्या कहकर चिढ़ाते थे?

(ii) चूहे ने नाई को क्या करने के लिए कहा?

(iii) दो पूँछें कटने के बाद चूहे को क्या कहकर चिढ़ाया जाता था?

(iv) पाँच पूँछें कटने के बाद चूहे को क्या कहकर चिढ़ाया जाता था?

(v) छ: पूँछें कटने के बाद चूहे को क्या कहकर चिढ़ाया जाता था?

(vi) चूहा बार-बार किसके पास जाता था और क्यों?

(vii) सारी पूँछें कटवा लेने के बाद सब चूहे को क्या कहकर चिढ़ाते थे?

भाषा आधारित प्रश्न

1 कहानी में से छाँटकर लिखिए।

(i) चंद्रबिंदु (ँ) वाला एक शब्द

(ii) फ़ अक्षर वाला एक शब्द

2 सोच-समझकर 'का' अथवा 'की' से रिक्त स्थान भरिए।

जैसे— एक पूँछ का चूहा

(i) एक पूँछ ———————— चुहिया

(ii) एक पूँछ ———————— लोमड़ी

(iii) एक पूँछ ———————— तोता

(iv) एक पूँछ ———————— शेर

3 कोष्ठक में दिए गए शब्दों से वाक्य पूरे कीजिए।

(i) नाई ———————— काटता है। (बाल/फ़सल)

(ii) किसान ———————— उपजाता है। (पानी/अन्न)

(iii) दर्ज़ी ———————— सिलता है। (कपड़े/कागज़)

(iv) मोची ———————— की मरम्मत करता है। (कपड़ों/जूतों)

01

वर्णमाला

अ आ इ ई
उ ऊ ऋ
ए ऐ ओ औ

अभ्यास प्रश्न

स्वर तथा व्यंजन

1 बॉक्स में से सही अक्षर चुनकर खाली स्थान भरिए।

ख, र, उ, ख, न, ना, ड़ी, न, इ, म

(i) अ —— र

(ii) आ ——

(iii) —— म ली

(iv) ई ——

(v) —— ल्लू

(vi) ऊ ——

(vii) औ —— त

(viii) ए ——

(ix) ऐ —— क

(x) ओ —— ली

2 खाली स्थान भरिए।

(i) क — त र   (ii) ख — गो   (iii) ग — ला

(iv) घ —   (v) चा —   (vi) छ — री

(vii) ज — ज़   (viii) झं —   (ix) ट — ट र

(x) ठ — रा   (xi) ड — रू   (xii) ढ क क

3 नीचे लिखे शब्दों में (˙) या (ँ) लगाकर उन्हें दोबारा लिखिए।

(i) ऊट _____________   (ii) डडा _____________

(iii) कगन _____________   (iv) बदर _____________

(v) खिड़किया _____________   (vi) पखा _____________

4 उचित मात्रा वाले शब्द को चुनकर लिखिए।

(i) थ ल _____________ (थालि, थाली)

(ii) म ल _____________ (मालि, माली)

(iii) स र ज _____________ (सुरज, सूरज)

(iv) ब र _____________ (बेर, बौर)

(v) त त ल _____________ (तितली, तीतली)

(vi) घ ड़ _____________ (घड़ि, घड़ी)

(vii) ग ल ब _____________ (गुलाब, गूलाब)

(viii) ह थ _____________ (हाथी, हाथि

शुद्ध-अशुद्ध शब्द

1 नीचे दिए गए शब्दों के शुद्ध रूप पर सही (✓) का निशान लगाइए।

(i)	पहैली	☐	पहेली	☐
(ii)	अकबार	☐	अखबार	☐
(iii)	चामी	☐	चाबी	☐
(iv)	दूसरी	☐	दुसरी	☐
(v)	गलास	☐	गिलास	☐
(vi)	किताब	☐	कीताब	☐
(vii)	पौधा	☐	पोधा	☐
(viii)	सिर	☐	सीर	☐
(ix)	पेर	☐	पैर	☐
(x)	सीटि	☐	सीटी	☐
(xi)	अलमारी	☐	अलमारि	☐
(xii)	मछलि	☐	मछली	☐

2 नीचे दिए गए शब्दों को शुद्ध करके लिखिए।

(i) सैना   (ii) चांद

(iii) निचे   (iv) पेसा

(v) पानि   (vi) भालु

(vii) पिछा   (viii) सीतार

(ix) खरगौश   (x) छतरि

3 शुद्ध वाक्यों पर सही (✓) का निशान लगाइए।

(i) अहमद किताब पढ़ती है। ☐   अहमद किताब पढ़ता है। ☐

(ii) मेरे को घर जाना है। ☐   मुझे घर जाना है। ☐

(iii) तुम घर जाएँगे। ☐   आप घर जाएँगे। ☐

(iv) आप विद्यालय पहुँचा। ☐   मैं विद्यालय पहुँचा। ☐

(v) आप यहाँ से जाओ। ☐   आप यहाँ से जाइए। ☐

(vi) वहाँ चार बच्चा है। ☐   वहाँ चार बच्चे हैं। ☐

(vii) गांधीजी सच बोलता था। ☐   गांधीजी सच बोलते थे। ☐

(viii) लड़की आम खाता है। ☐   लड़की आम खाती है। ☐

(ix) रेशमा कपड़े सिलता है। ☐   रेशमा कपड़े सिलती है। ☐

(x) राधिका मिठाई खाता है। ☐   राधिका मिठाई खाती है। ☐

03

संज्ञा

किसी वस्तु, प्राणी (व्यक्ति, पशु-पक्षी, जानवर आदि) तथा स्थान के नाम को संज्ञा कहते हैं।

वस्तु का नाम—किताब, शीशा, कंघी, फूल, आम।

व्यक्ति का नाम—रमेश, राधा, राजा, रेखा।

पशु-पक्षी का नाम—कोयल, कुत्ता गाय, तोता, कबूतर।

जानवरों के नाम — शेर, हाथी, चीता, हिरन।

स्थान का नाम—मेरठ, कोटा, पहाड़, नदी, दिल्ली।

अभ्यास प्रश्न

1 पाँच वस्तुओं के नाम लिखिए।

(i) ——————— (ii) ——————— (iii) ———————

(iv) ——————— (v) ———————

2 पाँच प्राणियों के नाम लिखिए।

(i) ____________ (ii) ____________ (iii) ____________

(iv) ____________ (v) ____________

3 पाँच स्थानों के नाम लिखिए।

(i) ____________ (ii) ____________ (iii) ____________

(iv) ____________ (v) ____________

4 नीचे दिए गए वाक्यों को सही संज्ञा शब्दों से पूरा कीजिए।

> *ताजमहल, शेर, विद्यालय, माँ, किसान*

(i) मेरी ____________ खाना बना रही है।

(ii) ____________ जाल में फँस गया।

(iii) रोहन कल ____________ देखने गया था।

(iv) मैं रोज़ ____________ जाती हूँ।

(v) ____________ खेती करता है।

5 सही विकल्प के सामने (✓) का निशान लगाइए।

(i) इनमें से कौन—सा शब्द वस्तु का नाम है?

(क) चूहा ☐ (ख) पंखा ☐ (ग) रीता ☐

(ii) इनमें से कौन-सा शब्द स्थान का नाम है?

(क) मेज़ ☐ (ख) बिल्ली ☐ (ग) मथुरा ☐

(iii) इनमें से कौन-सा शब्द व्यक्ति का नाम है?

(क) किताब ☐ (ख) मोहन ☐ (ग) खेत ☐

04 लिंग

संज्ञा के जिस रूप से उसके स्त्री या पुरुष होने का पता चले, उसे लिंग कहते हैं। लिंग के दो भेद हैं—

- (i) पुल्लिंग
- (ii) स्त्रीलिंग

- (i) **पुल्लिंग** जिस संज्ञा शब्द से पुरुष जाति का पता चलता है, उसे पुल्लिंग कहते हैं; जैसे—शेर, राजा, बकरा, लड़का।
- (ii) **स्त्रीलिंग** जिस संज्ञा शब्द से स्त्री जाति का पता चलता है, उसे स्त्रीलिंग कहते हैं; जैसे—शेरनी, रानी, बकरी, लड़की।

अभ्यास प्रश्न

1 निम्नलिखित पुल्लिंग शब्दों को स्त्रीलिंग शब्दों में बदलिए।

- (i) मोर __________
- (ii) चींटा __________
- (iii) भाई __________
- (iv) पिता __________

(v) चोर   _________________________________   (vi) मोटा   _________________________

(vii) दादा   _________________________________   (viii) नाना   _________________________

2 निम्नलिखित स्त्रीलिंग शब्दों को पुल्लिंग शब्दों में बदलिए।

(i) मामी   _________________   (ii) घोड़ी   _________________

(iii) जेठानी   _________________   (iv) मौसी   _________________

(v) मोरनी   _________________   (vi) दुल्हन   _________________

(vii) बुढ़िया   _________________   (viii) मुर्गी   _________________

3 निम्नलिखित शब्दों के सही लिंग परिवर्तन वाले शब्दों पर घेरा लगाइए।

(i) कबूतर	—	कबूतरा	कबूतरी	कबूतराइन	कबूतरनी
(ii) पोता	—	पोती	पोतन	पोतियान	पोतियानी
(iii) टोकरी	—	टोकरन	टोकरा	टोकर	टोकरा
(iv) रानी	—	महारानी	राजानी	राजी	राजा

4 सही विकल्प चुनिए।

(i) इनमें से कौन-सा शब्द पुल्लिंग नहीं है?

(क) तालाब ☐   (ख) कौआ ☐   (ग) सर्दी ☐

(ii) इनमें से कौन-सा शब्द स्त्रीलिंग नहीं है?

(क) रानी ☐   (ख) जादूगर ☐   (ग) गायिका ☐

01 मध्यावकाश

चित्र को ध्यानपूर्वक देखकर पूछे गए प्रश्नों के उत्तर दीजिए।

1 चित्र देखकर एवं कोष्ठक में दिए गए शब्दों की सहायता से रिक्त स्थान भरिए।

(i) यह दृश्य विद्यालय के ——————————— का है। (कार्यालय/मैदान)

(ii) बच्चे ——————————— का आनंद उठा रहे हैं। (मध्यावकाश/खेल की घंटी)

(iii) ——————————— लड़की झूला झूल रही है। (एक/दो)

2 सही कथन पर (✓) का और गलत कथन पर (✗) का निशान लगाइए।

(i) कुछ बच्चे पानी में कागज़ की नाव तैरा रहे हैं।

(ii) कुछ बच्चे गेंद से फुटबॉल खेल रहे हैं।

(iii) चबूतरे पर बैठे दो बच्चे भोजन कर रहे हैं।

(iv) चित्र में तिरंगा फहराने वाले स्थल को भी दर्शाया गया है।

(v) विद्यालय के मुख्य द्वार पर तीन बच्चे खड़े हैं।

(vi) एक बालक धनुष-बाण से निशाना लगा रहा है।

3 इनमें से मध्यावकाश में आप कौन-से कार्य करना चाहेंगे? अपने पसंद वाले विकल्प पर
(✓) का निशान लगाइए।

(i) गुलेल से निशाना लगाना

(क) पेड़ पर बैठी चिड़ियों पर   (ख) पेड़ पर लगे पके फल पर

(ii) खेलना

(क) सबके साथ   (ख) अकेले

(iii) भोजन करना

(क) अकेले   (ख) मिल-बाँटकर

(iv) भोजन करने से पहले और बाद में

(क) हाथ साफ़ करना   (ख) हाथ साफ़ नहीं करना

(v) खेलने और भोजन करने के क्रम में

(क) विद्यालय के मैदान को साफ़ करना

(ख) विद्यालय के मैदान को गंदा करना

(vi) कक्षा की घंटी बजते ही

(क) कक्षा में प्रवेश के लिए किसी के कहने की प्रतीक्षा करना

(ख) कक्षा में प्रवेश करना

02 खेल-कूद

चित्र को ध्यानपूर्वक देखकर पूछे गए प्रश्नों के उत्तर दीजिए।

1 दिए गए चित्र को ध्यान से देखिए और पूछे गए प्रश्नों के सही विकल्प पर (✓) का निशान लगाइए।

   (i) यह चित्र है

     (क) विद्यालय की कक्षा का   ☐   (ख) विद्यालय के खेल-मैदान का   ☐

   (ii) बच्चे छुप-छुप कर कौन-सा खेल खेल रहे हैं?

     (क) कबड्डी   ☐   (ख) छुपन-छुपाई   ☐

2 चित्र को ध्यान से देखकर सही कथन पर (✓) का निशान और गलत कथन पर (✗) का निशान लगाइए।

   (i) खेलने के दौरान छ: बच्चे छिपे हुए हैं।   ☐

   (ii) एक बालिका पानी पी रही है।   ☐

03 विद्यालय की छुट्टी

चित्र को ध्यानपूर्वक देखकर पूछे गए प्रश्नों के उत्तर दीजिए।

1 प्रश्नों के सही विकल्प पर (✓) का निशान लगाइए।

(i) चित्र में दृश्य किस समय का है?

(क) विद्यालय की छुट्टी का ☐   (ख) विद्यालय शुरू होने का ☐

(ii) बच्चे कहाँ जा रहे हैं?

(क) विद्यालय ☐   (ख) घर ☐

2 निम्नलिखित प्रश्नों के उत्तर दीजिए।

(i) चित्र में कौन-कौन से वाहन दिखाई दे रहे हैं?

____

(ii) दो पहियों वाले वाहन कौन-कौन से हैं और कितने हैं?

____

04 खेत

नीचे के चित्र को ध्यानपूर्वक देखकर पूछे गए प्रश्नों के उत्तर दीजिए

1 प्रश्नों के सही विकल्प पर (✓) का निशान लगाइए।

(i) हैंडपंप के पास वाले ट्रैक्टर पर कितने लोग सवार हैं?

(क) एक ☐ (ख) दो ☐ (ग) चार ☐ (घ) तीन ☐

(ii) चित्र में किस पालतू पशु को दिखाया गया है?

(क) गाय ☐ (ख) बिल्ली ☐ (ग) गधा ☐ (घ) ऊँट ☐

2 कोष्ठकों में दिए गए शब्दों की सहायता से रिक्त स्थान भरिए।

(i) खेती के कामों में ______________ का प्रयोग किया जाता है। (कार/ट्रैक्टर)

(ii) ______________ खेत में अन्न उपजाते हैं। (किसान/शिक्षक)

05 बस

चित्र को ध्यानपूर्वक देखकर पूछे गए प्रश्नों के उत्तर दीजिए।

1 प्रश्नों के सही विकल्प पर (✓) का निशान लगाइए।

   (i) बस कौन चला रहा है?

      (क) कंडक्टर   ☐   (ख) यात्री   ☐

      (ग) ड्राइवर   ☐   (घ) कोई अन्य   ☐

   (ii) ड्राइवर के ठीक पीछे बैठी लड़की के हाथ में क्या है?

      (क) गेंद   ☐   (ख) बैग   ☐

      (ग) आइसक्रीम   ☐   (घ) किताब   ☐

2 हाँ अथवा नहीं में उत्तर दीजिए।

   (i) क्या बस ड्राइवर ने हेलमेट पहन रखा है? ____________

   (ii) क्या चित्र में दिखाई गई बस स्कूल बस है? ____________

06 रेलवे स्टेशन

चित्र को ध्यानपूर्वक देखकर पूछे गए प्रश्नों के उत्तर दीजिए।

1 उचित शब्दों का प्रयोग करके रिक्त स्थान भरिए।

(i) यह चित्र ———————————— का है। (रेलवे स्टेशन/बस स्टैंड)

(ii) ———————————— लेने के लिए कुछ लोग पंक्ति में खड़े हैं। (फल/टिकट)

2 निम्नलिखित प्रश्नों के उत्तर दीजिए।

(i) चित्र में किन-किन चीज़ों की दुकानें दिखाई दे रही हैं?

(ii) यात्रियों का सामान सिर पर कौन ढो रहा है?

07 रसोईघर

नीचे के चित्र को ध्यानपूर्वक देखकर पूछे गए प्रश्नों के उत्तर दीजिए।

1 प्रश्नों के सही विकल्प पर (✓) का निशान लगाइए।

   (i) चित्र में माँ क्या कर रही है?

     (क) पूजा   (ख) पढ़ाई

     (ग) योग   (घ) भोजन पकाने का काम

   (ii) चित्र में चावल बीनने का काम कौन कर रहा है?

     (क) बालक   (ख) दादी

     (ग) माँ   (घ) कोई अन्य

2 निम्नलिखित प्रश्नों के उत्तर लिखिए।

   (i) मटका कहाँ टँगा हुआ है?

   (ii) रसोईघर के अंदर कुल कितने व्यक्ति हैं?

उत्तरमाला

खंड क

अध्याय 1 झूला

- **पाठ आधारित प्रश्न**

  1. (i) (घ) अम्मा   (ii) (क) झूला   (iii) (ग) चार बार
  2. (i) अम्मा आज, पर मैं झूलूँगा   (ii) बड़ा मज़ा है, दिल्ली, कलकत्ता   (iii) नीचे की धरती, चल, उड़
  3. (i) (✘)   (ii) (✔)   (iii) (✔)   (iv) (✘)

- **भाषा आधारित प्रश्न**

  1. (ii) आसमान, आज   (iii) चल, चढ़कर   (iv) लूटूँ, लूँगा
  2. (i) अम्मा   (ii) ऊपर   (iii) दिल्ली   (iv) बड़ा
  3. (ii) उड़कर   (iii) चढ़कर   (iv) बढ़कर

अध्याय 2 आम की कहानी

- **पाठ आधारित प्रश्न**

  1. (i) (क) गुलेल   (ii) (ग) कौए ने   (iii) (घ) आदमी की पगड़ी में   (iv) (ग) पेड़ के नीचे
     (v) (ख) लड़की को
  2. (i) मधुमक्खियों   (ii) आम   (iii) गिलहरी
  3. (i) (✔)   (ii) (✘)   (iii) (✔)

- **भाषा आधारित प्रश्न**

  1. (i) अमरूद   (ii) सेब, संतरा
  2. (i) बच्चे   (ii) गुलेल   (iii) छत्ते   (iv) पगड़ी   (v) घोंसला
     (vi) चोंच
  3. (i) लड़के ने   (ii) कौए ने   (iii) लड़की ने

अध्याय 3 आम की टोकरी

- **पाठ आधारित प्रश्न**

  1. (i) (ख) छ: वर्ष   (ii) (क) आम   (iii) (घ) बिना नाम बुलाए हुए
  2. (i) (✔)   (ii) (✘)   (iii) (✘)
  3. (i) छह, की, टोकरी   (ii) आम है, नहीं बुलाती   (iii) अब पूछना, हमें आम

- **भाषा आधारित प्रश्न**

  1. (ii) दो पपीते, अनेक बादाम   (iii) दो संतरे, अनेक अनार
  3. (i) (ग) चूसना   (ii) (क) पूछना   (iii) (ख) भरना
  4. (i) नहीं बताती मूल्य है   (ii) छह वर्ष की बच्ची
  5. (i) मैं   (ii) में

अध्याय 4 पत्ते ही पत्ते

- **पाठ आधारित प्रश्न**

  1. (i) (क) पीला, कत्थई   (ii) (ख) सीधा   (iii) (ग) खुरदरा
  2. (i) (✓)   (ii) (✓)   (iii) (✗)   (iv) (✗)
  3. (i) गोला   (ii) तरह-तरह   (iii) एकदम   (iv) झालर   (v) छूकर

- **भाषा आधारित प्रश्न**

  2. (ii) चौड़े   (iii) बड़े   (iv) टेढ़े

अध्याय 5 पकौड़ी

- **पाठ आधारित प्रश्न**

  1. (i) (ग) दौड़ी-दौड़ी   (ii) (ख) तेल में   (iii) (घ) पेट में
  2. (i) उछल   (ii) मुँह   (iii) मन
  4. (i) छुन-छुन, में नाची, प्लेट, शरमाई   (ii) उछली, मुँह में, में जा, घबराई

- **भाषा आधारित प्रश्न**

  1. (ii) आया   (iii) शरमाया   (iv) घबराया   (v) पकौड़ा   (vi) नाचा

अध्याय 6 छुक-छुक गाड़ी

- **पाठ आधारित प्रश्न**

  1. (i) (ख) रेल का चल पड़ना   (ii) (क) रेल का इंजन
  2. (i) बढ़ता   (ii) सीटी   (iii) सटी

- **भाषा आधारित प्रश्न**

  1. (i) (ग) झंडी दिखाना   (ii) (क) टिकट जाँचना   (iii) (घ) गाड़ी चलाना   (iv) (ख) समान ढोना

अध्याय 7 रसोईघर

- **पाठ आधारित प्रश्न**

  1. (i) (घ) मुन्ना, मुन्नी   (ii) (ग) आलू   (iii) (क) गोल   (iv) (ख) चाँद से
  2. (i) चाकू   (ii) ताली   (iii) झटपट
  3. (i) (✓)   (ii) (✗)   (iii) (✗)   (iv) (✓)
  4. (i) चकला-बेलन, चाकू-छलनी बोल   (ii) गाजर-मूली, रखो सजाकर

- **भाषा आधारित प्रश्न**

  1. (i) बाँटू   (ii) डाली   (iii) ताली   (iv) सजाकर
  2. (i) बज   (ii) झटपट   (iii) गोल, बोल   (iv) मूली, छलनी

अध्याय 8 चूहों! म्याऊँ सो रही है

- **पाठ आधारित प्रश्न**

  1. (i) (ख) बिल्ली, चूहों की   (ii) (ग) बिल्ली के   (iii) (ग) चूहों का   (iv) (ग) चीज़ें कुतरेंगे
       (v) (क) चूहा शाही

2. (i) पसारकर   (ii) खुली   (iii) भरे   (iv) चूहों

3. (i) पीछे, छत के, पसारे, पूँछ (ii)मूँछ, सिकोड़ो, उतरो, चीज़ें

- **भाषा आधारित प्रश्न**

1. (i) आज, राज   (ii) घर, डर   (iii) छत, कुछ   (iv) उलटो, उतरो

अध्याय 9 बंदर और गिलहरी

- **पाठ आधारित प्रश्न**

1. (i) (ग) पेड़ पर   (ii) (क) बंदर की पूँछ   (iii) (क) पूँछ   (iv) (ग) बहन   (v) (ख) बंदर भैया

2. (i) लंबी   (ii) गिलहरी   (iii) नीचे   (iv) हँसती

3. (i) (✗)   (ii) (✗)   (iii) (✗)   (iv) (✓)

- **भाषा आधारित प्रश्न**

1. (i) एक   (ii) मज़ा   (iii) बड़ा   (iv) डाली

2. (i) बंदर   (ii) गिलहरियाँ   (iii) पेड़   (iv) डालियाँ

अध्याय 10 पगड़ी

- **पाठ आधारित प्रश्न**

1. (i) (ख) पगड़ी को   (ii) (क) मालकिन

2. (i) हट्टी-कट्टी   (ii) झगड़ा   3. (i) मैल, न रह गई   (ii) मैल, तर गई

- **भाषा आधारित प्रश्न**

1. (i) मोटी   (ii) और   2. (i) तगड़ी   (ii) कट्टी

3. (i) फटते   (ii) टूटते

अध्याय 11 पतंग

- **पाठ आधारित प्रश्न**

1. (i) (ख) सर-सर-सर-सर (ii) (ख) सैर-सपाटा   (iii) (ग) लड़ने में   (iv) (ख) पंतग के

- **भाषा आधारित प्रश्न**

1. (i) उड़ी   (ii) काटा   (iii) अरे   (iv) पतंग

2. (i) जुटी   (ii) खूब

3. (i) लुटी   (ii) सपाटा   (iii) उसको   (iv) फर-फर

अध्याय 12 गेंद-बल्ला

- **पाठ आधारित प्रश्न**

1. (i) (ग) झाड़ी में   (ii) (ख) बल्ला, गेंद को (iii) (क) शाम

2. (i) दूर   (ii) अँधेरा   (iii) निराश   (iv) नीचे

3. (i) (✗)   (ii) (✓)   (iii) (✓)

* भाषा आधारित प्रश्न

1. (i) नज़दीक (ii) बेचैन

2. (i) क्रिकेट (ii) फुटबॉल (iii) टेनिस (iv) पिट्टू

3. (i) क्रिकेट (ii) फुटबॉल

4. (i) (ख) गेंद (ii) (ग) माँझा (iii) (क) डंडा

अध्याय 13 बंदर गया खेत में भाग

* पाठ आधारित प्रश्न

1. (i) (ख) खेत में (ii) (ग) सापड़-सूपड़ (iii) (क) चलनी (iv) (ग) ओढ़ने के

2. (i) साग (ii) आग

3. (i) (✓) (ii) (✗) (iii) (✓)

4. (i) खेत में भाग, चुट्टर-मुट्टर (ii) खाया खूब, पोंछा, दूब

6. (iii), (i), (v), (iv), (ii)

* भाषा आधारित प्रश्न

2. (i) कूप, सूप (ii) ऊब, खूब (iii) नाग, भाग

अध्याय 14 एक बुढ़िया

* पाठ आधारित प्रश्न

1. (i) (क) कुछ भी नहीं (ii) (ख) बुढ़िया के (iii) (ग) कुछ भी नहीं (iv) (क) आराम

2. (i) खाली (ii) शाम

3. (i) (✗) (ii) (✗) (iii) (✓) (iv) (✗)

4. (i) एक बुढ़िया, नहीं था, (ii) से उसको, आराम नहीं था (iii) दिन, रात, शाम, कुछ भी

* भाषा आधारित प्रश्न

1. (i) शाम (ii) आराम **2.** (i) थी (ii) जिसका

3. (i) शाम (ii) आराम (iii) नाम

4. (i) रातभर (ii) गाँवभर (iii) दिनभर (iv) पेटभर

5. (i) दिन (ii) सवेरे

अध्याय 15 मैं भी ...

* पाठ आधारित प्रश्न

1. (i) (ख) दो (ii) (ग) गड्ढा (iii) (क) बत्तख के बच्चे ने (iv) (ग) दोनों ने
(v) (क) बत्तख के बच्चे ने

2. (i) बाद में (ii) केंचुए (iii) डूबने

3. (i) (✗) (ii) (✗) (iii) (✓) (iv) (✓) (v) (✗)

* भाषा आधारित प्रश्न

1. (i) बाहर (ii) पानी (iii) तितली (iv) भी (v) निकला
(vi) पकड़ी (vii) आया

2. (i) चूज़े   (ii) बच्चे   (iii) तितलियाँ   (iv) केंचुए

3. (i) बच्ची   (ii) मुर्गा

अध्याय 16 लालू और पीलू

- ### पाठ आधारित प्रश्न

1. (i) (ख) दो   (ii) (ग) लाल   (iii) (क) मिर्च

2. (i) पीलू   (ii) जीभ   (iii) झटपट   (iv) मुर्गी

3. (i) (✓)   (ii) (✗)   (iii) (✗)

- ### भाषा आधारित प्रश्न

1. (i) मिर्च   (ii) मुर्गी   2. (i) दौड़ी   (ii) लगी   (iii) लगा

अध्याय 17 चकई के चकदुम

- ### पाठ आधारित प्रश्न

1. (i) (ख) गाँव की   (ii) (ग) ग्वाले की   2. (i) मड़ैया   (ii) खतम   (iii) पाँच

3. (i) (✓)   (ii) (✗)   (iii) (✗)

4. (i) चकई के चकदुम, गाँव की, हम-तुम   (ii) चकदुम, चकई के, गैया, दूध पिएँ

   (iii) चकई के चकदुम, खेल खतम, हम-तुम

- ### भाषा आधारित प्रश्न

1. (i) की   (ii) की   (iii) का   (iv) की

2. (i) के   (ii) मैया   (iii) मड़ैया   (iv) ग्वाले

3. (i) तुम   (ii) जाओ   (iii) शहर   (iv) दही   (v) काँटा

   (vi) दीदी

अध्याय 18 छोटी का कमाल

- ### पाठ आधारित प्रश्न

1. (i) (ख) समरसिंह के   (ii) (क) पतली रोटी   (iii) (ख) मोटे तगड़े   (iv) (ग) सी-सा पर

2. (i) छोटी   (ii) पतली दुबली   (iii) ऊपर

3. (i) (✗)   (ii) (✓)   (iii) (✗)

4. (i) समरसिंह थे, कितनी छोटी   (ii) मोटा तगड़ा, छोटी पतली

   (iii) मोटा पटसन का, कच्ची सुतली   (iv) पहुँची चोटी पर, समरसिंह

- ### भाषा आधारित प्रश्न

1. (i) लंबा   (ii) पराँठा

2. (i) बड़ी   (ii) पक्की   (iii) छोटा   (iv) पतला

3. (i) पतली   (ii) मोटा   (iii) कच्ची   (iv) भरा

4. (i) (ख) पतली रस्सी   (ii) (क) ऊँचाई   (iii) (ख) कुछ समझ न आना   (iv) (ख) अति बलशाली

अध्याय 19 चार चने

- **पाठ आधारित प्रश्न**

  1. (i) (ग) पैसा   (ii) (ग) चना   (iii) (क) टॉय-टॉय   (iv) (ख) एक   (v) (ख) चूहे का
  2. (i) पैसे   (ii) तीन   (iii) चार
  3. (i) (✓)   (ii) (✗)   (iii) (✓)
  4. (i) होता तो चार चने लाते, चार में से एक, खिलाते तो टॉय-टॉय, गाता तो बड़ा मज़ा
     (ii) पैसा पास होता तो, एक चना चूहे को खिलाते, जाता तो बड़ा मज़ा आता

- **भाषा आधारित प्रश्न**

  1. (i) लाते   (ii) आता
  2. (i) घोड़े, घोड़े   (ii) दाँत, दाँत   (iii) तोते, तोते   (iv) चूहे, चूहे

अध्याय 20 भगदड़

- **पाठ आधारित प्रश्न**

  1. (i) (क) साठ   (ii) (ख) मिठाई पर   (iii) (ग) मक्खी को   (iv) (क) कुत्ता
  2. (i) दोने   (ii) अंदर   (iii) के बाद
  3. (i) (✓)   (ii) (✗)   (iii) (✗)

- **भाषा आधारित प्रश्न**

  1. (i) पक्की   (ii) दौड़ी   (iii) मटका   (iv) आई
  2. (i) बाहर   (ii) बूढ़ा   (iii) बकरी   (iv) उठना
  3. (i) पीती   (ii) भौंक   (iii) उड़   (iv) चरता

अध्याय 21 हलीम चला चाँद पर

- **पाठ आधारित प्रश्न**

  1. (i) (ग) रॉकेट के   (ii) (ख) चाँद का   (iii) (ख) हलीम
  2. (i) रॉकेट   (ii) खुश   (iii) गड्ढे   (iv) बड़े-बड़े
  3. (i) (✓)   (ii) (✗)   (iii) (✓)

- **भाषा आधारित प्रश्न**

  1. (i) चाँद   (ii) रॉकेट   (iii) अँधेरा
  2. (i) जानवर   (ii) पेड़   (iii) पहाड़   (iv) रास्ता
  3. (i) कारखाने   (ii) रास्ते   (iii) गड्ढे   (iv) जानवर

अध्याय 22 हाथी चल्लम चल्लम

- **पाठ आधारित प्रश्न**

  1. (i) (ख) लंबी   (ii) (ख) थुलथुली   (iii) (क) खंभे जैसे   (iv) (ग) पगड़ी   (v) (क) हाथी दादा
  2. (i) फट्टर-फट्टर   (ii) थल्लल थल्लल   (iii) अच्छी   (iv) नाचने
  3. (i) (✗)   (ii) (✓)   (iii) (✓)

- भाषा आधारित प्रश्न
  1. (i) दाँत   (ii) पाँव   (iii) मूँड़   (iv) जाएँगे

अध्याय 23 सात पूँछ वाला चूहा

- पाठ आधारित प्रश्न
  1. (i) (क) सात   (ii) (ख) चूहे के   (iii) (क) एक   (iv) (ग) नाई
  2. (i) एक   (ii) तीन   3. (i) (✓)   (ii) (✗)

- भाषा आधारित प्रश्न
  1. (i) पूँछ   (ii) सिर्फ़
  2. (i) की   (ii) की   (iii) का   (iv) का
  3. (i) बाल   (ii) अन्न   (iii) कपड़े   (iv) जूतों

खंड ख

अध्याय 1 वर्णमाला

1. (i) 'ना'   (ii) 'म'   (iii) 'इ'   (iv) 'ख'   (v) 'उ'
   (vi) 'न'   (vii) 'र'   (viii) 'ड़ी'   (ix) 'न'   (x) 'ख'
2. (i) 'बू'   (ii) र, श   (iii) म   (iv) र   (v) चा
   (vi) त   (vii) हा   (viii) डा   (ix) मा   (x) ठे
   (xi) म   (xii) न
3. (i) ऊँट   (ii) डंडा   (iii) कंगन   (iv) बंदर   (v) खिड़कियाँ
   (vi) पंखा
4. (i) थाली   (ii) माली   (iii) सूरज   (iv) बेर   (v) तितली
   (vi) घड़ी   (vii) गुलाब   (viii) हाथी

अध्याय 2 शुद्ध-अशुद्ध शब्द

1. (i) पहेली   (ii) अखबार   (iii) चाबी   (iv) दूसरी   (v) गिलास
   (vi) किताब   (vii) पौधा   (viii) सिर   (ix) पैर   (x) सीटी
   (xi) अलमारी   (xii) मछली
2. (i) सेना   (ii) चाँद   (iii) नीचे   (iv) पैसा   (v) पानी
   (vi) भालू   (vii) पीछा   (viii) सितार   (ix) खरगोश   (x) छतरी
3. (i) अहमद किताब पढ़ता है।   (ii) मुझे घर जाना है।   (iii) आप घर जाएँगे।
   (iv) मैं विद्यालय पहुँचा। (v) आप यहाँ से जाइए। (vi) वहाँ चार बच्चे हैं।
   (vii) गांधीजी सच बोलते थे।   (viii) लड़की आम खाती है।
   (ix) रेशमा कपड़े सिलती है।   (x) राधिका मिठाई खाती है।

अध्याय 3 संज्ञा

1. (i) पेंसिल   (ii) बोतल   (iii) कप   (iv) खिड़की   (v) गिलास
2. (i) रोहन   (ii) बाघ   (iii) चिड़ियाँ   (iv) रानी   (v) गिरगिट

3. (i) स्कूल   (ii) लाल किला   (iii) मुंबई   (iv) आगरा   (v) चिड़ियाघर
4. (i) माँ   (ii) शेर   (iii) ताजमहल   (iv) विद्यालय   (v) किसान
5. (i) (ख) पंखा   (ii) (ग) मथुरा   (iii) (ख) मोहन

अध्याय 4 लिंग

1. (i) मोरनी   (ii) चींटी   (iii) बहन   (iv) माता   (v) चोरनी
   (vi) मोटी   (vii) दादी   (viii) नानी
2. (i) मामा   (ii) घोड़ा   (iii) जेठ   (iv) मौसा   (v) मोर
   (vi) दूल्हा   (vii) बूढ़ा   (viii) मुर्गा
3. (i) कबूतरी   (ii) पोती   (iii) टोकरा   (iv) राजा
4. (i) (ग) सर्दी   (ii) (ख) जादूगर

खंड ग

अध्याय 1 मध्यावकाश

1. (i) मैदान   (ii) मध्यावकाश   (iii) एक
2. (i) (✓)   (ii) (✗)   (iii) (✓)   (iv) (✓)   (v) (✓)
   (vi) (✗)

अध्याय 2 खेल-कूद

1. (i) (ख) विद्यालय के खेल-मैदान का   (ii) (ख) छुपन-छुपाई
2. (i) (✓)   (ii) (✓)

अध्याय 3 विद्यालय की छुट्टी

1. (i) (क) विद्यालय की छुट्टी का   (ii) (ख) घर

अध्याय 4 खेत

1. (i) (ख) दो   (ii) (क) गाय   2. (i) ट्रैक्टर   (ii) किसान

अध्याय 5 बस

1. (i) (ग) ड्राइवर   (ii) (घ) किताब   2. (i) नहीं   (ii) नहीं

अध्याय 6 रेलवे स्टेशन

1. (i) रेलवे स्टेशन   (ii) टिकट

अध्याय 7 रसोईघर

1. (i) (घ) भोजन पकाने का काम   (ii) (क) बालक